「もう怒らない」ための本

精神科医
和田秀樹

アスコム

はじめに

怒りは3秒で消せる

「ああ、また怒ってしまった」

そんなふうに後悔して、自己嫌悪に陥《おちい》り、ため息をついていませんか？

この本は、そんなあなたのために書きました。


世の中の「怒りの種《たね》」は、本当に尽きることがありませんよね。

たとえば、あなたが女性なら、家庭を顧《かえり》みない夫の言動、勉強もせず遊んでばかりいる子どもの生活態度に腹を立てたりすることもあるでしょうね。夫の立場なら、疲れているのに長話ばかりする妻にイラッとするかもしれません。あるいは、近所のギスギスした人間関係でムカムカすることもあるでしょう。

職場に目を向ければ、威張《いば》り散らし、理不尽な要求をしてくる上司、社会人の礼儀作法、常識をわきまえない同僚や部下はいませんか。親会社の社員や取引先が立場を利用して、高圧的な言動で接してくることがあるかもしれません。

街を歩けば、歩道を我がもの顔でふさぎながら、大声でしゃべりまくる集団、他人の迷惑を顧みない酔っ払いの中高年……。政治への怒り、社会の矛盾への怒り……。

もう、我慢できない！　と思うのも仕方がないことかもしれません。

怒りとのつきあい方を間違えると、体調を悪くしたり、心を病むこともあるでしょう。かといって、過激な言葉や暴力で人を傷つけるような対応は許されるものではありません。

そんな私も、以前は怒りやすい人間でした。

実際、いまでもしょっちゅう、怒りは生まれます。しかし、怒りをそのまま爆発させることはありません。怒りのコントロール方法、表現方法を身につけたからです。「どうすれば、こみ上げてきた怒りを静めることができるか」「どうすれば怒りをプラスの方向に変えていけるか」をいつも考えてきました。精神科の医師として、医学的見地からのアプローチも行いました。

その結果、ちょっと視点を変えてみるだけで、怒りは収まってしまうことがわかりました。大嵐のような怒りも、瞬時のうちに和らげることができるようになりました。

今回、私は読者の方々が、怒りに翻弄《ほんろう》されない生き方ができるよう願って、この本を書きました。**「3秒で怒りを静める」「3秒で怒りを消す」「3秒で怒りをプラスに変える」ための、24の具体的なメソッドを紹介しています。**

内容は、実践的ですぐに役に立つ方法ばかりです。

カッときたら、シチュエーションに応じて実際に試していただきたいと思います。

「あれっ？　いつもの私と違う」

不思議なことに、これまで自分自身が手を焼いていた怒りが変化していくのを体感できるはずです。好ましい「別の自分」の発見です。


何度か読んでくだされば、ノウハウばかりではなく、怒りの正体が見えてくるはずです。正体とは、自分の中に現れる怒りの表情、動き、変化です。その正体が見えてくれれば、対処もしやすくなります。


ときに、ノウハウとあわせて、「なぜ、この方法がいいのか」ということについて、医学的、心理学的な根拠にも触れています。

ここで紹介するシチュエーションと対応すべきノウハウを少しずつ理解しながら、実際に試してみてください。そして、それを繰り返してみてください。すぐに成果は表れます。知らぬ間に怒りをしっかりコントロールできている自分に気がつくはずです。

もし、自分のまわりに怒りっぽい人がいれば、ぜひ、自分の体験をもとに、アドバイスしてあげてください。家族の方にも読んでいただければ、家族関係はより円滑《えんかつ》なものになるはずです。

また、本書で紹介したシチュエーションは、「たとえば」という、あなたの身近にあるものにすぎません。考え方を十分に理解していただければ、異なるシチュエーションでも活用できます。

また、「こんな方法もある」「これもいいぞ」と、自分なりのノウハウを開発することもできるでしょう。そうなれば、シメタものです。自分自身をスポイルする怒り方からどんどん遠ざかることができます。

本書を読み、生活の中で生かしていただければ、あっという間に、ささいなことで怒らない生き方が身につくものと確信しています。

怒りを上手にコントロールできるようになれば、人間関係も仕事も遊びも、すべてが円滑にまわりはじめます。何度もいいます。怒りは、とてもやっかいな感情ですが、対処法を自分の手の内に入れてしまえば、誰でも「もう怒らない」自分になることができます。怒りを自分の成長、進化のエネルギーにさえ、することが可能なのです。

本書が「怒り」に悩む読者の方々のお役に立てば、著者として望外の喜びです。

和田秀樹

はじめに……2

序章

なぜ、あなたは怒ってしまうのか

怒っても、いいことなんて何もない……18
怒る人は幼稚に見える……20
怒りを表に出すと損をする……23
怒りは脳で起きる……24
「酸素」が足りないと怒りやすくなる……27
怒りを「恨み」にしない方法……29
「セロトニン不足」が怒りの原因……31
精神医学に基づいた24のメソッド……34

第1章

軽くイラッとした時の対処法

メソッド1 イラッときたら「3秒深呼吸」……40
酸素が足りないと怒りやすくなる

メソッド2 イタリアンジェラートで怒りがクールダウン……46
甘さと冷たさが副交感神経を優位にする

メソッド3 うるさい人から、急いで5メートル離れる……52
話が通じない人から、とにかく逃げる

メソッド4 自分の怒りを「古舘伊知郎」風に実況中継……58
解説しているうちに「怒り」が「笑い」に変わる

第2章 しつこいムカムカへの対処法

メソッド5 完ペキじゃなくても「ま、いいか」を口ぐせにする……64
「グレーゾーン」を認めると楽になる

メソッド6 「カラ元気」で怒りをはね飛ばす……70
どうせ断れないなら、プラスに変える逆転の発想

メソッド7 どうしても腹が立ったら「3秒だけ」怒る……78
怒りを小出しにして大爆発させない

メソッド8 〝いつも雑用係〟のほうが「オイシイ」と考えよう……84
頑張りを見ている人は必ずいる

第3章 ダメな人にイライラした時の対処法

メソッド9 ムカムカを収める特効薬「セロトニン」の分泌法はコレ……90
しつこい怒りには「カラオケ」と「ジョギング」が効く

メソッド10 日々の怒りはスキルアップのエネルギーにする……96
他人から軽く扱われた時こそがんばれる

メソッド11 つまらなくて長い話には心の中で「ツッコミ」を入れる……104
苦痛、怒りの時間を楽しみに変える

メソッド12 「つきあいは軽くていい」と割り切る……110
相手の人生を想像すれば怒る気をなくす

第4章 理不尽さにカッとした時の対処法

メソッド13 攻撃的な人には「反論」ではなく「相談」する……116
「下手」に出れば、結果的に「上手」の存在になれる

メソッド14 「KY」な人にイライラしたら「気持ちのいい青空」を思い出そう……122
悪意を持ってジャマしている人などいない

メソッド15 待つ時間を「自分時間」にすればイライラしない……128
本を読む、調べものなど普段できないことをする

メソッド16 怒りに耐えるには腹筋と背筋に力を入れる……136
歯を食いしばるついでに「筋トレ」を行う

メソッド17 理不尽に怒る上司は「この人、出世しない」と見限ればいい……142
「should（～すべき）思考」の人には何をやってもムダ
メソッド18 人の失敗にムカついたら「イチローだって4割未満」と考える……148
「まだ半分」ではなく「もう半分」と考える
メソッド19 理解できないことは「スルー」する……154
他人を完全に理解することは不可能
メソッド20 頑固な怒りには「一杯のお茶」が効果的……160
一瞬の間が心のバリアを解く

第5章 身近な人にカチンときた時の対処法

メソッド21 ウソでもいいから、まずは「ありがとう」……168
機先を制すれば、争いにならない

メソッド22 男を動かす最強の武器は「女の笑顔」……174
「お願い」のひと言で相手を手玉に取る

メソッド23 気難しい相手には「押し」より「引き」が有効……180
勝ったほうに「幼稚だったかな」と反省させる

メソッド24 身近な人と話す時「絶対」と言わない……186
互いのルールを尊重しなければうまくいかない

序章

なぜ、あなたは怒ってしまうのか

怒っても、いいことなんて何もない

イライラ、ムカムカ。

日々、そんな怒りの感情が抑えられずに悩んでいる方に朗報です。

3秒もあれば、怒りを収めることができる方法があります。

別に魔法を使うわけではありません。**私が精神科医として長年、研究を続けてきた結果、編み出したメソッドを実践するだけ。誰にでも簡単にできて、すぐに効果があります。**

その方法を、この本で詳しくお伝えしようと思います。

そもそも、怒ってもいいことなんて、基本的には何もないですよね。

自分の心が乱れて不快な気持ちになるだけでなく、周囲の人からは「何をそんなに怒っているんだ」「いつもプリプリしてバカみたい」と思われ、悪い評価につながることがほとんどです。

怒りは人間関係を悪化させるきっかけにもなります。

まず、怒りをそのまま露《あら》わにすることは、ネガティブなエネルギーを発散していることなのです。そして、まわりまでどんどんと不愉快にしてしまいます。

怒りはまわりの人に伝わり、まわりの人をも「汚染」してしまいます。

怒りの発散は、一瞬にして、その場の雰囲気を変え、そこにいる人たちの怒りのスイッチを次々とオンにしてしまうのです。

怒りには、それくらいの強くて大きなパワーがあります。

コントロールがとても難しいのも怒りの特徴です。どうやったら怒りを抑えられるのか、日々悩んでしまいますよね。

一度、湧き上がってくると、いくら頑丈な蓋《ふた》で抑え込もうとしても、その蓋さえも吹き飛ばしてしまうことがあります。

さらに、怒りは爆発したらそれで終わりではなく、いつまでも尾を引き、「あのとき、あの人は……」という気持ちは、20年たっても30年たっても消えないことがあります。消えないどころか、過去を思い出すたびに、そのときの怒りが再燃します。

困ったものですね。

怒る人は幼稚に見える

私は、精神医学を学ぶためにアメリカへ行った20年以上前から、「怒り」を研究のひとつの大きなテーマにしてきました。

19世紀の精神分析学者であるフロイトは、精神医学や臨床心理学の基礎を築いた人です。そのフロイト以来、精神医学の中でもっとも重視されている感情が「怒り」です。

私自身、昔はけっこう怒りっぽい性格でした。

しかし、怒りにまかせて発言をすると、誤解を招いたり、怒りの反発があったり、人から煙たがられたり、陰口を叩かれたりと、いい結果を生まないことに気づきはじめました。

それに、ひたいに青筋を立てて怒る姿は、あまり格好良くないと、冷静な目で見られるようにもなってきました。

そうした経験もあって、怒りとどう付き合っていくかは、私個人としても、とても身近な問題でした。そのため、研究にも力が入るのです。

人は年とともに丸くなるといいますが、本当だと思いますか？

一般的に、人は年齢を重ねれば、感情のコントロールが上手になってきます。しかし、個人差はありますが、ある程度の高齢者になると、逆に感情のコントロールが上手くできなくなってしまいます。

私は、高齢者の心のケアの仕事もやっています。決して丸くない老人たちをたくさん見ています。悲しいことですが、怒れる老人たちが格好いいとはとても思えません。

年を取ると子どもっぽくなるといわれますが、怒りが抑えられないのも、その表れです。怒ったらすぐに手が出る幼児と同じです。**怒りという感情をそのまま出すことがいかに幼稚なことか、私は怒りっぽい老人を見て、思い知らされました。**

高齢者ばかりではありません。最近は、幼稚な大人が増えています。怒りが原因となったトラブルが絶えません。夜、電車で帰ろうとすると、駅のホームや電車の中で、必ず揉《も》め事《ごと》に遭遇します。老いも若きも、怒りまくっています。世の中全体が幼稚化していると感じます。

怒りを表に出すと損をする

繰り返しになりますが、怒っていいことなどほとんどありません。だったら怒らなければいいいじゃないかと思います。**でも、怒りは、喜びや哀しみよりも、湧き出てくる頻度がはるかに高い感情です。ついついムカッとくる機会はいくらでもあるのです。**

さて「そんな怒りをどうすればいいか」というのが、本書のテーマです。

まず断っておきたいのは、怒りは悪だとか、怒りを完全に消してしまおうとか、そういう話を、私はしたいわけではありません。怒りは、まず誰もが抱く感情だというのが前提です。

まず最初に実践したいのが「怒りをストレートに表現してしまうのをやめる」ということ。「幼稚な行為をやめましょう」といいたいのです。

幼稚なことをするからトラブルに巻き込まれたり、人間関係を悪くしてしまうのです。どうしても湧き上がってくる感情なのだから、上手に付き合うコツを身につければいいのです。そのために、まず知っておきたいのが「怒り」が起きるメカニズムです。

怒りは脳で起きる

ここで、「怒り」はなぜ起こるのかを、精神科医として医学的な見地からコンパクトにお話しします。難解ではありません。ご安心ください。

どんなことでも、怒りの対処法を考えるには、怒りをもたらす対象を観察しなければなりません。分析などという、むずかしいことではありません。「なぜ、どうして」

と考えてみることが大切です。

スポーツでも、「対戦相手がどういう戦術で戦いを挑んでくるか」「何が得意で、何が苦手か」「団体スポーツなら、鍵になるのはどの選手か」といったことを、前もって知っていたほうが、試合のとき有利に戦えます。

「一体、何者なんだろう」

まず、怒りに対してそうした視線を持ちましょう。

感情というのは、脳が生み出すものです。まず、怒りが湧き上がってきたとき、脳内ではどんな変化が起こっているか、見ていきましょう。

脳はいくつかの部位に分けられますが、**たとえば人に殴られたときに、もっとも速く反応するのが大脳辺縁《へんえん》系というところです。**

ここは、人間以外の動物にも共通の原始的な脳といわれています。辺縁系では複雑なことは考えずに、殴られたからカッとするという単純な反応を起こします。怒りのもとが、ここで生み出されるといってもいいでしょう。同時に、恐怖という感情が生み出され、逃げ出すという行動をとることもあります。

それに対して、大脳皮質《ひしつ》という部分は、人間的な脳です。ゆっくりとした反応が起こります。「この相手に勝てるのか」「ケンカをすると警察がやってきて、やっかいなことになる」といったことを考え、衝動的な行動に走るのをストップさせます。

怒りに関していえば、辺縁系はアクセル役、皮質がブレーキの役割を果たします。そうやってバランスをとっているのが人間の人間たる所以《ゆえん》です。

もし、カーッとなって、相手を殴りそうになったら、自分が非常に動物的になっている状態です。そこで「これはやばい！　人間じゃなくなる」と制御装置が作動します。脳の中では、そんなことが起こっているのです。

「酸素」が足りないと怒りやすくなる

最近になって重要視されるようになったことに、「皮質の窒息状態」があります。**感情が高まっているときや不安が強いときには、皮質に酸素があまりいかなくなるということがわかってきました。**

酸素が不足すれば、皮質は十分に機能しなくなります。そうすると、先ほどお話ししたように、皮質は怒りのブレーキ役ですから、それが故障したようなことになってしまいます。つまり、怒りがどんどんとエスカレートしてしまうのです。

怒りの感情に支配されているときは、「頭に血が上ってしまって、頭の中が真っ白になって、何も考えられない」「怒りのために物も言えなくなる」「心臓の鼓動がどんどんと激しくなってくる」という状態になることがあります。強い不安感からパニック発作を起こした人も、同じようなことを言います。まさに、皮質が正常に働かなくなって、感情の制御ができなくなってしまっているのです。

こういう状態のときには、呼吸法でコントロールします。

パニック状態、あるいは怒り狂っているときの呼吸を観察してみてください。だれもが、速くて浅い呼吸になっているはずです。温泉に入ったときのように、ゆったりと呼吸をしながら怒っている人は一人もいません。

ですから、**怒りでどうしようもないときには、皮質が酸素不足になっているのだと思って、意識してゆっくりと呼吸をしてください。何度も深い呼吸をしていると、皮質にも酸素が行き渡りますから、次第に怒りも収まってきます。**

怒りで眠れないときも、呼吸を意識するといいでしょう。

怒りをコントロールする上で、正しい呼吸は有効な制御になりますので、覚えておいてください。

怒りを「恨み」にしない方法

さて、怒りが膨らんで、やっかいな性質に変化した「恨み」についてお話ししておきます。**恨みは、本来、怒りのブレーキ役であるはずの皮質が生み出すものです。**

たとえば、ある人の言動に対して腹を立てたとき、まずは皮質が怒りをコントロールしようとします。しかし同時に、かつて同じ人がひどいことを言って怒ったことがあるということを、皮質が思い出させることがあります。記憶の奥から引っ張り出してくるのです。

時間が経過してもなかなか消えていかない「恨み」になってしまうのです。皮質は、基本的には怒りにブレーキをかける機能を持っています。しかし、このケースでは、逆に増殖させてしまいます。怒りを増殖、変質させて、「いつか仕返しをしてやる」という形で残ってしまうのです。

それが、ある種の妄想になったり、自分の被害者意識を高めたりしてしまいます。これが暴走したときに、大きな事件に発展してしまったりするのです。

怒りを恨みにしないためのいい方法があります。

「人」に対して怒るのではなく、「事」に対して怒るようにするのです。「あの人は、本当にひどい人だ」ということではなく、「あの人にこういうことをされるから腹が立っているんだ」という見方に変えていきます。

「怒るのはしょうがない」

そう決めつけて、あきらめてはいませんか？

まずは、怒りにはこういう仕組みがあるのだということを知っていただくと、対応が違ってくるはずです。怒りが湧き上がってくるたびに、どう対応していこうかと考えて行動すると、徐々に、怒りに対する「耐性」がついてきます。

「セロトニン不足」が怒りの原因

また、脳内にある神経伝達物質の働きがアンバランスな状態になるために、起こる怒りもあります。

セロトニンという物質をご存知の方も多いでしょう。セロトニンが不足すると、イライラしやすくなったり、ちょっとしたことでカッとなってしまうことがわかってきました。

セロトニンは、うつ病とも、とても関係が深い神経伝達物質です。

セロトニンが不足するとうつ病になりやすくなります。意外と、うつ病の人で怒りやすかったり、攻撃行動が強い人がいます。それはセロトニン不足からくると考えられます。

不足したセロトニンを増やす方法もあります。

朝日に当たること、リズミカルな運動をすること、スキンシップをすることなどです。昼夜逆転をしていても、朝日を浴びてから寝るという人ならいいでしょうが、お日様が上がる前に寝て、夕方に起きるという生活を続けていると、セロトニン不足になる可能性があります。

散歩をするときには、ぶらぶら散歩ではなく、リズミカルにシャカシャカと歩いたほうがいいようです。正しい呼吸法も、セロトニンの分泌を増やすためには大切です。

要は、規則正しい生活をすることです。

スキンシップですが、ときには家族にマッサージをしてもらうというのもいいでしょう。ペットとのスキンシップも有効です。手をつなぐ、ハグをする。そういうちょっとした行為がセロトニンの分泌を増やすのです。

うつ病の人は、セロトニンを増やす薬を飲むことがあります。しかし、薬でセロトニンを増やすのは、怒りのコントロールに関しては逆効果になり得ます。薬は、活力を増加させる作用があって、場合によっては、攻撃性を高めることもあります。

世間を騒がせた大事件のいくつかでは、犯人がうつ病だったために、うつ病の人が危険視されることがあります、けれども、それは誤りです。

うつ病そのものが原因ではなく、セロトニンを増やす薬を飲み続けることで犯罪が引き起こされる場合が多いのです。薬が必要なこともありますが、だからといって、あまり薬に依存しすぎるのも問題です。

どうもこのごろ怒りっぽいと感じたら、脳内のセロトニンが不足していると考えてみてください。

朝、早起きしてみましょう。散歩でもジョギングでも呼吸法でもいいので、毎日、リズミカルな運動をしてみましょう。スキンシップを心がけてください。それだけでも、ずいぶんと違うはずです。

精神医学に基づいた24のメソッド

怒りが起きるメカニズム、そしてその対処法を理解すれば、怒りを抑えられることがわかっていただけたと思います。

第1章からは、怒りをすぐに抑える具体的なメソッドをご紹介しています。

この方法を使って怒りをコントロールすることを覚えてください。

この本は、**一度読むだけでなく、できるだけ手元に置いて、繰り返し使っていただ**

く と効果的です。3秒あれば実践できる、簡単な方法としてまとめています。具体的な「行動」もあれば、どういう「考え方」をすればいいのか、という視点から提案する方法もあります。

本文では、具体的なシチュエーションの中で、どう怒りとかかわっていけばいいかをご紹介しました。

きっとあなたも、心当たりのあるシーンも出てくることでしょう。

「ああ、こうすればいいんだ」

そう納得できれば、別のシーンでも、それが応用できるようになります。

まずは、このメソッドを使って、怒りを表情に出さない、または暴力などの行動に移さないことが重要です。

怒りが表に出ないことが習慣化してくればしめたものです。

本書は、怒ってはいけない、怒りの感情をもつなということを趣旨にしているわけではありません。感情を抑え込んだり、起こらないようにすることは心身に悪影響をもたらす可能性が指摘されていますし、そもそも感情そのものが平板化してしまえば、味気ない人生になってしまいます。

しかし、怒りというのは、行動化しやすいうえに、思考パターンにも悪影響をもたらすことが知られています。

だから、それを行動にしたり、表情に表したりして、怒りに思考パターンが支配されないようにするのは、人間生活を円滑に進め、対人関係をよくしていくために必須のものでもあります。

本書では、そのためのテクニックを精神医学や心理学のモデルなどを使いながら、使いやすい形で紹介していきます。

そして、「もう、怒りで失敗しない」自分に少しでも近づいてほしいのです。さあ、次のページから、いよいよ実践編です。まずは肩の力を抜いて読んでみてください。

第1章

軽くイラッとした時の対処法

メソッド１

イラッときたら「3秒深呼吸」

酸素が足りないと
怒りやすくなる

心配が怒りに変わる

「毎日、娘の帰りが遅い。年ごろなのに……」

そんな心配をしているお父さん、お母さんも多いでしょうね。

「何時ごろに帰るの？」

はじめのうちは、そんなメールをすると、「もうすぐ帰るから心配しないで」と返事が来たりします。でも、毎日毎日、「何時に帰るの？」なんてメールが届くのは、娘さんとしても「ウザイ」ですから、あるときから返事が来なくなります。

そうなると、待つ親にしてみればイライラしてくる。怒りが収まらなくなります。

「あいつは何時に帰ってくるんだ！」

「知りませんよ、そんなの。あなた、メールしてみたらどうですか」

夫婦の間にも怒りの嵐が巻き起こりはじめます。

「なんで、俺がしなきゃいけないんだ。お前がしろ」

「メールしても、返信なんかありませんから。私にばかり押し付けないでください」

そんな調子で、今度は夫婦げんかがはじまることもあります。

イライラ、カッカ。帰ってこない娘には腹が立つし、夫は妻に対して、妻は夫に対して、怒りが膨張していきます。夫婦で怒りをぶつけ合ったところで、娘が早く帰ってくるわけではありません。むしろ、夫婦の怒りのほうが大きな問題ですね。

怒りの制御装置「皮質」は、酸素が大好き

家族の怒りが充満しているような家は、娘さんにとっても居心地がいいはずがありません。家族と顔を合わせたくありません。遅くまで外にいて、帰ったら、お風呂に入って、部屋に戻って、さっさと寝てしまいたい気分にさせられます。

子どもとしては、両親の不愉快な顔は見たくないし、説教なんか聞きたくない。もちろん、原因が自分であると感じていても、自分の好きなようにやりたいのです。両親の理屈は通用しません。誰もが経験で知っていることではないでしょうか。

怒りを感じるのは、大脳辺縁系と呼ばれる原始的な脳です。序章でも述べていますが、この脳の作用だけなら、怒りが発生すると、すぐに暴力といったように、感情が行動に出てしまいます。

しかし、**人間には大脳皮質という理性的な脳があります。**その脳が**「人を殴っちゃいけない、ここは我慢のしどころだ」と、ブレーキをかけるのです。皮質が正常に働いていれば、怒りを感じても、それが行動に移ることは防げます。**

では、どうやってこの皮質の働きを促せばいいのでしょうか。

その決め手は「酸素」です。この皮質、怒りなどで感情が高まっているときや不安が強いときなどには、酸素が不足していて窒息状態になっていることが、実験でわかっています。すぐに怒鳴りつける夫とか、ヒステリックになる妻は、皮質の酸素不足の場合が多いと考えられます。

「頭に血が上って、真っ白になってしまう」「怒りでものも言えなくなってしまう」「心臓がどんどんと高ぶる」といったことがあるときには、脳が酸素不足でSOSを発していると考えてください。**そんなときには、とにかく、脳に酸素を送ります。それには、呼吸しかありません。3秒間、深呼吸をしてみてください。**同時に、脳が新鮮な酸素で満たされていくのをイメージするといいかもしれません。

口パクパクの金魚になっていませんか

家でじっと待っているのもイライラします。イライラしている夫婦が顔を合わせていても、事態は改善しません。まず、シチュエーションを変えることです。

近くのコンビニへ行くのは、どうでしょうか。それも、あんまりせかせか急がない。スローテンポです。そして、**外の空気を、酸素が体中に行き渡るように、深呼吸します。怒りを体の中の古い空気とともに、全部吐き出す感覚です。**

肺に入った酸素は、血液と一緒に脳まで運ばれます。水面で口をパクパクしている金魚のようになってしまった大脳皮質も、新鮮な酸素が届けば活性化します。また元気になって、怒りを制御するという大事な役割をつとめてくれます。

イライラせずに、脳に酸素をしっかりと補給して、帰ってきたら、笑顔で「おかえりなさい」と迎えてあげてください。娘さんもわかってくれます。怒りの種をひとつ減らすことができるはずです。怒りそうになったら「はい、酸素！」を忘れずに。

メソッド２

イタリアンジェラートで怒りがクールダウン

甘さと冷たさが副交感神経を優位にする

怒りの応酬は「恨み」を生む

他人を怒らせてしまうことを、よく「地雷を踏む」といいます。家族、まわりの人間の態度や言ったことが気に入らなかったりすると、火山の噴火のように、怒りが込み上げてきたりするわけです。多かれ少なかれ、誰でも身に覚えがあるでしょう。

「もう一度、言ってみなさいよ!」

「何なの、その態度は!」

瞬間的に怒りを露わにすることもあるかもしれません。これは宣戦布告になります。

「あなたこそ、おかしいでしょ!」

相手も反撃に出ます。

火花を散らしながら口論すれば、余計にカッカするだけです。どんどん、より過激な言葉の応酬になってしまいます。仮に相手よりも破壊力に勝る言葉でいったんは勝利したかのようになっても、嫌な気持ちを引きずってしまうことになります。打ち負かされたほうは、怒りの種が心の中で芽を出して、花を咲かせます。それは「恨みの花」です。どちらも、それを望んだわけではないのです。

さてさて、こんなときにはどうしたらいいのでしょうか。

口や胃への刺激で怒りモードをオフにする

まずは、怒りモードになってしまいそうな脳を鎮静化する必要があります。

おすすめしたいのは、**怒りの言葉がある口と、ムカつきはじめた「腹＝胃」への栄養補給です。イタリアンジェラートなどのスイーツを食べたり、冷たいものをぐっと飲むことです。**

イライラしたときには、甘いものが欲しくなることがありますよね。**甘いものを食べると、血糖値がすぐに上がります。すると、満足感を覚えたり、元気になったりする作用があります。**それに、甘いものを食べることで、子どものころに親からお誕生日ケーキを買ってもらったときのことが、意識の深い部分でよみがえってきたりします。いわゆる子ども返りといいますが、瞬間的に無邪気な気持ちになれて、心に余裕ができてきますから、怒りのモードがいったんオフ状態になるのです。聞いた話ですが、イタリア人は怒りを感じたら実際にジェラートを食べるそうですよ。

「冷たい」というのも、重要な要素です。よく、怒った人に「頭を冷やせ」という言葉を投げかけますが、それは正しい方法です。しかし、家の中や職場で、バケツに入れた水を頭からかぶるというわけにもいきません。せいぜい冷たい水を飲むことくらいしかできませんが、それでも怒りの炎をしずめるのには十分に役に立ちます。

カーッときたら、冷蔵庫を開けて、コップに氷と水を入れて、一気に飲むのも手です。食道から胃に、冷たい感覚が流れていくのを感じてください。怒っているときの状態を「頭にくる」とか「腹が立つ」といいます。水をかぶるのは頭を冷やすこと、水を飲むのは、腹を寝かせることです。甘いものが嫌いな人は、冷たいコーヒーでも紅茶でもいいでしょう。

副交感神経を優勢にしてみましょう

ラグビーのW杯で有名になった五郎丸歩選手は、興奮した状態を鎮静化するため、あるいは観客の声に惑わされないために、あのルーティンをやっているそうです。あの要領です。

お腹の中に何かを入れることは、医学的にも正しいことです。

胃を刺激することで、副交感神経が働くので、怒りが収まりやすくなります。副交感神経というのは自律神経のひとつで、これと対象的な働きをするのが交感神経です。怒っているときは、交感神経がバリバリに働いて、戦いのオーラが全開となっています。副交感神経というのは、温泉に入ってゆっくりしたときなどに働く神経で、体も心もリラックスします。何かを食べることで、戦闘モードからリラックスモードに脳が切り替わり、怒りも収まっていきます。副交感神経を優勢にすることです。

また、**食べたり飲んだりする行為は、感情が行動に直結しないためのクッション役になり、数分の間に気持ちも落ち着きます。**

怒りが収まってしばらくしたら、なぜカーッとしたのか、冷静な脳のモードで考えてみてください。多くの場合、ごくささいなことで怒った自分に気づきます。それを繰り返していると、次に同じような場面に遭遇しても、学習効果が表れます。

カーッとしたら、口と胃に刺激を与えましょう。わずか3秒でできることです。

メソッド3

うるさい人から、急いで5メートル離れる

話が通じない人から、とにかく逃げる

「フラストレーション耐性」の低い人

場をわきまえずに、大声で騒ぐ連中は、とにかく迷惑千万です。「こいつら何を考えているんだ」と怒りが込み上げてきて、「静かにしろ！」と怒鳴りつけたくなってきます。しかし、いまの時代、ちょっとしたことでキレてしまう人がとても多くなってきています。

へたに怒りをぶつけると、ひどい目にあってしまうことにもなりかねません。最悪の場合、殺人事件に発展することもあります。

かつては、キレるのは若者だけでした。しかしいまは、中年であろうと、高齢者であろうと、女性でさえもキレやすくなっています。

先日も、ある私鉄の駅で初老の小柄な男性が、20代の大柄な男性に食ってかかっていました。初老の男性が電車を降りようとしたのを、若者が邪魔をしたという言い分のようです。若者は「意図的なことではない」と応じていました。私もそばにいましたが、正しい主張に見えました。ところが、その初老の男性は、えらい剣幕です。

「この若造が、何様だと思っているんだ！」

酔っているようではありませんでした。きっと、仕事で嫌なことでもあったのでしょう。見るに堪《た》えない光景でした。

「フラストレーション耐性が低い」

キレやすいというのは、心理学ではそう説明されることがあります。自分の不満に耐えられない。つまりは、幼稚なのです。

我慢の学習が足りない人もいる

幼児が、ほしいおもちゃやお菓子を買ってもらえないとき、最初は、「ほしいよ、

ほしいよ、買って、買って」と泣きながら訴えるだけです。しかし、それでも買ってもらえないときには、行動が過激になります。床に寝転がって手足をばたばたさせ、大声で騒ぎ立てます。テコでも動かないぞと、迫力が増します。一種のパニックです。

でも、普通の人間は成長して大きくなれば、そんなことはしてはいけないと学習します。しかし、すべての人とはかぎりません。その学習が十分になされていない人もいます。そんな人がキレやすい大人になってしまうのです。

職場とか近所にもいますよね。大人になりきれていない人たちです。知的な部分は、ある程度発達しているのですが、「認知」というものの受け止め方や理解の仕方という面の発達が十分ではないのです。

いまは、とても未熟な人たちが増えてきています。そういう人は、間違いなく「幼

稚な人」です。キレる要素を十分にもっている人たちです。「静かにしろ！」と怒りたい気持ちはわかります。

しかしここは、そっとその場を去るのが得策です。

急いで5メートル離れましょう。それだけで、解決です。

「事」ではなく「人」にしか怒れない人

PTAや地域の会合でも、ちょっと自分の意見が通らないと、明らかに態度が豹変してしまう人はいませんか。プイッと席を立ってしまったり、思い込みが強くて聞く耳を待たず、すぐに周囲とぶつかってしまったりといった人も珍しくないでしょう。

キレる要素がたっぷりの人は、付き合い方にちょっと注意が必要です。

認知が成熟していない人は、ある特徴があります。まわりの人間を敵か味方かのどちらかに分けてしまう傾向があります。一度、敵だと見なしてしまえば、その人が何を言っても反対したり、無視をしたりします。主張が違うから反対されるならまだしも、同じ意見であっても、「あいつに賛成するわけにはいかない」という判断をします。

こういう人は、「事に怒る」のではなく、「人」に怒る人です。

こんな人に対しては「物事の是非」のコントロールがきちんとできているかどうかを観察することです。距離を縮めなければ、人当たりのいい人であっても、あるとき突然「キレられる＝恨まれる」ということになりかねません。

「人を見たら泥棒と思え」的な生き方には賛成できませんが、**世の中には「通じない人」がいることは否定できません。そんな人には怒りも通じません。怒る前に、３秒で距離を置く。そうすることで、自分の頭も冷やすことができますし、相手の怒りを買うこともありません。**自分の身を守ることにもなります。

メソッド4

自分の怒りを「古舘伊知郎」風に実況中継

解説しているうちに「怒り」が「笑い」に変わる

相手の行動を観察してみる

身近な人に感じる怒りは、なかなか対応が難しいものです。

とくに、**怒りの対象が家族だった場合、毎日、顔を合わせていますから、対処法を間違えると、いつの間にか根深いものになってしまうことがあります。**

夫が服は脱ぎっぱなし、新聞も読みっぱなしだとします。怒りが蓄積されてくることでしょう。逆に夫の立場だと、妻の小言に腹が立つこともあります。

その場で文句を言っても、その後も相手が態度を改めなければ、また怒りが訪れ、その繰り返しになります。ある程度はあきらめもつきますが、それでも心の中には怒りの火種が残ったままです。

そんなことで怒り続けるのはバカバカしいことです。

私がおすすめしているのは、相手の行動を観察してみるということです。ただジッと見ているだけでは退屈です。それを楽しみの行動に変えてみませんか。

普段はお互いにいそがしい。観察は無理でしょう。日曜日なんかどうでしょうか。たとえば、朝、夫が起きてきました。さわやかな朝なのに疲れた顔をしています。「そんなに忙しくもないのに、仕事疲れのような顔をして、かわいそうな人だな」そんなふうに冷めた目で観察してみましょう。**心の中で実況中継してみましょう。「今日は、古舘伊知郎風にやってみよう、今日は池上彰風がいいかな」という具合にやるのです。古舘さんのスポーツ中継が一番乗りやすいかもしれません。**

「冷静なレポーター」になった自分がいる

「おーっと、新聞を広げています。なんだ、なんだ、いきなりテレビ欄か〜。それがビジネスマンのやることか。経済面は読まないのか」
「おお、パジャマを脱ぎ捨てる。お腹が出てきた。ぽっちゃりお腹。今度の健康診断、大丈夫か。メタボまでまっしぐらだ〜」

そうやって実況中継をしながら観察をしていると、これまでの夫とは違う姿が見えてきます。ラグビーの五郎丸歩選手じゃないですが、毎朝、夫の仕種には決まったルーティンがみつかったりします。次の観察の日には、「今度は、これをするよ」と、夫の行動を予測できたりします。

夫が新聞を手にした途端に、ピピッと怒りスイッチが入るとしましょう。
「今日も、また読みっぱなしでテーブルの上に広げておくんだろうな。こっちは、朝ごはんを用意してあげているのに、感謝もせず、新聞を読みながら食べて、片づけもせずに、今度はテレビの前で横になる。やっぱり新聞は広げたままだ。ごちそうさまくらい言えないのか。イライラしてくる。ムカムカしてくる。なんでこんな人と結婚したんだろう～～！」

夫の行動を観察すると同時に、自分の怒りがどう膨らんでいくか、見えてくるはずです。これも、「おーっと……」という感じで、古舘さん風に実況中継できれば、客観的に自分を見ることができます。気がつくと、冷静さを取り戻した自分がいるはずです。怒りは消え、実況中継をやり遂げた充実感だけが残ります。

「メタ認知」は怒りの熱さまし法

実況中継のアナウンサーのように冷静に観察して、言語化する。こんな見方をしていると、怒りが怒りでなくなってしまうものです。怒りを笑いに変えることすらできる大技だといえます。怒りが収まらないというのは、怒りに振り回されてしまっているからです。振り回されて引っ張り回されて、どんどん深みにはまっていってしまいます。そういうときには、自分を「鳥の目」で見ること。

客観的に自分を見ることを、心理学の専門用語で「メタ認知」といいます。「メタ」というのは、「高次の」という意味です。つまり、高いところから自分を見ている自分がいるというイメージです。ちょっとむずかしい表現なら「俯瞰《ふかん》」とか「鳥瞰《ちょうかん》」の視線を持つことです。こういう視線を持てれば、怒りの熱は3秒で引いていきます。

プロ野球の一流選手の中には、自分のバッティングを、斜め上にいる自分自身が見ているというイメージで練習や試合に臨む選手がいます。もう一人の自分の冷静な目で、自分を観察、分析するわけです。落ち着いてバッターボックスに立てるのです。

厳しい修行をしている人も、厳しさに耐えるためには、メタ認知が必要です。**がんばっている自分を客観的に見て、褒めてあげたり、励ましたり。そんなことをしながらだと、つらいことにも耐えられます。そして、怒りも収まるのです。**

完ぺきじゃなくても「ま、いいか」を口ぐせにする

「グレーゾーン」を認めると楽になる

ルールは人によって違う

「断捨離《だんしゃり》」が流行りました。

もともとはヨガの言葉で、「断行」「捨行」「離行」の三つを合わせたもののようです。不要なものを捨てて、すっきりすることで、生活や人生に調和をもたらそうというものです。たしかに、家の中が物でゴチャゴチャしているのは気持ちのいいものではありません。

しかし、これも人それぞれで、なかなか物が捨てられない、整理整頓ができないという人もいます。よく聞くのは、勝手にいろいろなものを捨てられてしまって、それがもとで夫婦げんか、親子げんかになってしまったという話です。

帰宅したら、何だか部屋がすっきりしている。それはいい。けれども、きれいになった部屋を見回してみると、自分が大事にしていたものがなくなっていたりします。掃除をした家族にとっては不用品のように見えたかもしれません。しかし自分にとっては、とても大切にしていたものだったら、もうショックで、口もきけません。もう、頭に血がカーッと上ってしまいます。

「探してきてよ」

怒鳴りたくなります。しかし、取り返したくても、すでにゴミ焼却場へ。どうしようもありません。そんな怒りをどう収めればいいのでしょうか。

「グレーゾーン」を認めると楽になる

まわりの人間に自分のルールが無視され、怒りが込み上げてきたとき、それを静めるためには「曖昧さ耐性」が大いに役に立ちます。

「曖昧さ耐性」というのは、ひと言でいえば「グレーゾーン」を認めることです。すべてのことに白黒をつけないと気がすまないという考えを捨てることです。

白と黒の間には、さまざまな濃淡のグレーがあります。そこには、はっきりとした境界線などはありません。**どんなことでも、「ここまでは正しい」「ここから先は間違い」と線引きをするのを、やめてみてはどうでしょうか。ずいぶんと楽になりますよ。**

持ち主に黙って断捨離をしてしまったのは、まあ、うかつな行動だったかもしれません。でも、捨てたほうに100%の非があるのでしょうか。

捨てた人に目を向ければ、たしかに、自分の判断だけで捨てたことに非はあります。一方、捨てられた人には「大事なもの」と伝えてなかった非があります。

それぞれ言い分はあるでしょう。その言い分を曲げずに、互いに角突き合わせて相手が100%悪いと決めつければ、双方の怒りはヒートアップするばかりです。

「**曖昧さ耐性**」**の低い人は、何かトラブルがあると**「**0%対100%**」**を求めます。しかし、多くのトラブルの原因は、それほど単純ではありません。**自分にも、落ち度があるのです。それを認められない人が怒りをコントロールできないのです。

「100%の悪」を追求する先には、怒りの戦闘激化が待ち受けています。「100%の悪」を押し付けられた人は、素直に謝ることなどありません。同様に「100%の悪」のお返しをします。その応酬では収拾などつくはずもありません。

「非の配分」を受け入れる

それを避ける方法があります。それは「交通事故の示談方式」です。

交通事故の出合いがしらの衝突や、接触事故などを考えてみてください。どちらかに明らかな過失がないかぎり、業界用語でいう「ゼロヒャク」とはなりません。
それぞれ一歩譲って、「60%対40%」とか「75%対25%」とか、「非の配分」をして決着します。「それぞれ怪しいですね」で平和的に決着するのです。

自分のルールだけを主張するのではなく、「まあ、いいや」で切り上げることです。「グレーゾーン」を認め合えば、怒りはゼロにはなりませんが、100にもなりません。

「自分も悪かったかもしれない」という冷静な視線があれば、冒頭の断捨離事件のような怒りも爆発することはありません。

「グレーゾーン」を認め合うことは、「曖昧さ耐性」を身につけることです。これが身につけば、お互いにルールを尊重し、共有することができます。

メソッド6

「カラ元気」で怒りをはね飛ばす

どうせ断れないなら、プラスに変える逆転の発想

さっさと引き受けるのが正解

「これ急ぎの仕事。今日中だからね」

上司から終業間際にそんなことを言われたら、ムッときますよね。

「はい、わかりました」

そう返事をするしかないのですが、偉そうな命令調では「私の予定はどうでもいいのか」と怒りでいっぱいです。それが重なれば、「またか！」と、もう腹の中は煮えくり返ってしまいます。


「できません」

怒りにまかせて断ってしまうという選択肢はありますが、ちょっと冒険です。上司との関係、ひいては仕事にも悪影響が出る可能性があります。引き受けざるを得ませんよね。怒る気持ちは当然ですが、その選択は正解です。

そうと決めたら、四の五の言わずに仕事に集中してみてはどうでしょうか。

私も実感することですが、怒りを抱えながら渋々やる仕事は、能率が上がりません。ミスも起こしやすくなります。ミスが生まれれば、「クソッ」と怒りもぶり返します。せっかく、大事な時間を使ってやった仕事なのに、ミスがあれば、評価をしてもらえません。何のために、怒りを抑えてやったのか、わからなくなってしまいます。

「喜んで！」の要領で「カラ元気」が肝心

注文があると従業員が「喜んで！」と威勢よく答えてくれる居酒屋が、一時期、話題になりました。あのノリを見習いましょう。**元気を演じてしまうのです。「カラ元気」です。**これには不思議な効果があります。それを演じているうちに、本当の元気が芽生えてくるのです。市販の栄養ドリンクよりは効き目があるかもしれません。

そんなあなたの立ち居振る舞いを目にして、余計な仕事を命じざるを得なかった上司も救われた気分になるはずです。人が自分の要望を受け入れてくれる相手にシンパシーを抱くのは当然のことです。

自分自身にとってもプラスに働きます。前向きの気持ちでやる仕事は、知らず知らずのうちに作業効率が上昇します。スキルアップにもつながるのです。

上司に求められた仕事の要件をきちんと満たせば、次に頼まれる仕事の内容も変わってくるでしょう。少しずつレベルの高い仕事が任されるようになります。肩書も変わってくるかもしれません。今度はステップアップです。

期待されている喜び、認められている満足感、そして自分が成長している実感もあって、これまでとは比較にならないほどの充実感が出てくるはずです。人生は仕事ばかりではありませんが、仕事が充実していることは、誰にとっても心地よいことです。

考えてもみてください。昨今、仕事につけなくて困っている人が、どれだけいると思いますか。経営者の味方をするつもりはありませんが、そのことを愛《め》でるべきではないでしょうか。怒りの代わりに「カラ元気」。得ることはたくさんあります。

個人的感情を社内で出さない

「仕事ができる部下」の評価を得て、スキルアップ、ステップアップを実現させれば、あなたの社内での発言力も増します、

「今日中にこの仕事をやってくれるかなあ」

たとえば、そんな依頼があったときでも、不快な表情や怒りを隠して対応する必要はなくなります。

「先日頼まれた仕事をやっているところですが、どうしても今日中の仕事でしたら、

前の仕事が少し遅くなりますが、よろしいでしょうか」

きちんと自己主張ができるようにもなるでしょう。


仕事に個人的な感情を持ち込まず、ビジネスマン、ビジネスウーマンとして職務をこなしていれば、さまざまな提案や主張が受け入れられるようになるのです。


「予定がありますが、キャンセルできますので、その仕事は今日中に仕上げます。でも、申し訳ありませんが、明日は定時で帰らせていただきます」

仕事の依頼をどうしても断りたいときには、こう言えるようにもなります。

「まあ、急ぎの仕事だけど、明日でも大丈夫だから、今日は帰りなさい」

上司の反応も変わります。


どうせ断れないことなら、怒ってみたり、嫌な顔をせずに、喜んで引き受けるにかぎります。大きなプラスになって返ってきます。身に降りかかった火の粉に怒っているだけでは、鎮火は望めませんよ。

第2章

しつこいムカムカへの対処法

メソッド7

どうしても腹が立ったら「3秒だけ」怒る

怒りを小出しにして
大爆発させない

こまめに怒れば、大爆発しない

私自身、もともとの性格はけっこう短気なほうです。とくに、社会の矛盾に対しては「これでいいのか！」と感じることが少なくありません。「このままでは、世の中はどんどん悪くなっていく」「こんなこと許していていいのか！」なんて、思うこともしばしば。それは別の本で書くとして、とにかく、人は怒りを感じるようにできているのです。しかし最近は、私は怒りで人を傷つけることはなくなりました。怒りで体調を崩したこともありません。いたって、健康的です。

そのコツのひとつは「小出し」です。日ごろから適度に、そして上手に怒っているからだと思っています。ポイントは3秒だけ怒ること。ダラダラと長く怒り続けていると、不快な気持ちが持続してしまいます。サッと怒って、後くされなくしたいもの。

部屋の掃除にたとえるといいかもしれません。

毎日、こまめに掃除をしておけば、ゴミもあまりたまりません。来客があるときや、年末などに、慌てて大掃除をすることもありません。

怒りも同じで、日々、とにかく小出しにしていくことです。心にも許容量がありますから、放っておくと、あるとき怒りの大洪水が起こったりします。誰かに暴言を吐いたり、ひどいときには暴力を振るうことにもなってしまいます。怒りが内側に向くと、体調を崩したり、精神状態に問題が生じたりすることもあります。

皮肉や嫌味も立派な怒りの表現

もうひとつのコツがあります。それは言葉選びと表現方法です。

「へえ、そういう考え方もあるんですね」

「なるほど。でも、ちょっと賛成できないね」

どう考えても相手に同意できないときには、そんな言葉を選んで怒りを出すのもいいでしょう。イラついていることを言外に伝えることもできます。

皮肉や嫌味でもいいでしょう。これも立派な表現方法です。

「ユニークでシンプルに考えるんだね。忙しそうだから、他人の感情なんか考えているヒマなんかないよね。じつにうらやましいね」

「やさしく教えてくれてありがとう。勉強になったよ。ところで、『釈迦に説法』という言葉、知っているよね」

相手の的外れな言葉には、そんな言い回しでもいいでしょう。ほんのちょっぴりスパイスを効かせた言葉で対応してもいいでしょう。

ただし、怒りの小出しの際には、ちょっとがんばって、怒りの表情は抑えること。これが効果的です。怒りの表情は、せっかくの小出しや皮肉、嫌味も逆に相手の怒りを買うことにもなりかねません。冷静になれば、「もっと効く言葉」が浮かんでくるかもしれませんよ。効果的に自分が怒りを感じたということを、発信していくことです。

怒りを文字化すれば、冷静になれる

私は、怒りを文章を書くことによって解消しています。

文章のいいところは、感情に振り回されることが少ないことです。口先だけの言葉なら、「このやろう!」「ばかやろう!」と叫んでしまえば、それで怒りを表現できます。けれども文章となると、読んだ人に理解してもらうために、そのときのシチュエーション、自分の感情、主張を冷静に再現しなければなりません。

つまり、**文字化するには冷静さや論理性が求められます。その作業の中では、怒り**

の感情はいったん脇におかなければ、他人に伝える文章は書けません。

「彼の口から発せられる言葉に知性のひとかけらも感じられない。相手の感情への想像力がない。ただただ湧いてきた言葉を垂れ流すばかり。私の脳は、ぴくぴくと痙攣《けいれん》しはじめる……」

これは極端な例ですが、たとえば、「このやろう、このバカ」を、こうやって冷静に表現してみる。人は誰でも、文章を書いていると、「何なのだろう、この怒りは？」と、自分の感情を分析しはじめます。分析しているうちに、怒りの種を冷静に見つめることになります。もはや「生まれたての怒り」ではなくなってしまいます。

そんな方法で、小出しに言葉にしたり、文章にしたりしていけば、あなたも怒りの処理の達人になれます。

メソッド8

“いつも雑用係”のほうが「オイシイ」と考えよう

頑張りを見ている人は必ずいる

ずるい人間は放っておく

ずるい人というのは、どこにでもいるものです。

職場でも近所でも、仕事を人に押し付けて、自分は楽をしようとする。

たとえば、仕事に追われているときは、誰も電話はとりたくありません。集中力が途切れてしまいます。電話を取れば、別の用件が発生して、やるべき仕事を後回しにせざるを得なくなるかもしれません。結局、したくもない残業を強いられることもあるでしょう。

しかし、誰も取ろうとせず、電話が鳴り続けています。心ある人なら、ついつい、いたたまれなくなって、取ってしまいます。不運にも、本来の自分の仕事ではないことまでやるはめになってしまったら、もう悔しくてたまりません。なんて自分はお人好しなんだと、自分への怒りが込み上げてきます。

電話を取らなかった同僚や部下に対しても腹が立ってきます。そんなことの繰り返しに、怒りはどんどんたまっていきます。

そういう人にアドバイスしたいのは、**怒りを爆発させてしまえば、結局は自分が悪者にされてしまいますので、怒らず腐らず、電話を取り続けてくださいということです。**嫌々やっていると、だんだんと気持ちは萎《な》えていってしまいます。

「得」がどこであなたを待っているかわからない

以前、タクシードライバーに聞いた話です。

「手をあげたお客さんを乗せること。たとえワンメーターのお客さんでも笑顔でね。その先にどんなお客さんが待っているかなんて、誰にもわからないですからね」

たまたま私が「売り上げを伸ばすコツは？」と尋ねたときの答えです。実際、自分の目の前で乗車拒否されたお客さんを、ワンメーター料金の銀座から築地まで乗せたときのこと。お客さんを降ろしたところにタクシーを待っている人がいました。

「仙台まで行ってくれる？」

予想外の言葉にうれしさが込み上げてきたそうです。


誰も出ようとしない電話に進んで出るのは、これと同じではありませんか？

呼び出し音が鳴ったらすぐに取る。明るく元気に「もしもし」と出ます。

そうすると、どういうことが起こってくるでしょうか。


何度も電話をかける機会のある人なら、「あそこの会社の電話の対応はすごく良くなったよ」という話をまわりにするかもしれません。

そういう人の噂話は、会社の幹部の耳にも、やがては入ってくるものです。部下を褒められてうれしくない幹部はいません。部下が褒められるということは、上司にとっては自分が褒められていることと同じです。その結果、幹部はあなたを高く評価することになるはずです。

電話の応対を見れば、仕事のクオリティがわかる

要するに、私が言いたいのは「損して得取れ」ということです。**目先だけ見れば損をしているように思えても、内にも外にも必ずあなたの態度を見ている人がいます。**そう思えば、怒りが湧くこともないでしょう。損をしていると思うから怒りが湧くのです。むしろ周囲に差をつけるチャンスなのです。

たかが電話、されど電話です。電話というのは、会社と外部のお客さまをつなぐものです。電話の対応ひとつで、会社の利益に寄与したり、危機を救うこともあるのです。そもそも「雑用」という仕事はありません。私の経験から言っても、仕事のできない人にかぎって「電話応対は雑用」と考えているように思えます。

実際、私が親しくしている映画関係の会社では、2回以上呼び出し音が鳴ることはありません。業績は毎年右肩上がりです。社長が出ることもあります。私自身、映画を製作するときには、この会社を選びたいと思っています。電話の応対はひどいけれども、仕事は一流などという会社に、私は一度もお目にかかったことはありません。電話の応対は仕事のクオリティを映す鏡といっても過言ではありません。

「イヤだ、イヤだ」と怒りながら電話を取るか、「いつか取るなら、早く取る」か。電話の取り方ひとつで、半年後には、職場の環境が大きく変わる可能性があるのです。それは、あなたにとっても大きなプラスになります。

「**面倒くさい、やっかいなことは自分がやるんだ**」

そう決めてしまえば、怒ることがバカバカしいと思えてきますよ。

メソッド9

ムカムカを収める特効薬「セロトニン」の分泌法はコレ

しつこい怒りには「カラオケ」と「ジョギング」が効く

やっかいな粘着性の怒り

あとになってから湧き上がってくる怒りというのもあります。

たとえば、口の達者な人と口論して、言い負かされたり、うまく自分の意見が言えなくて悔しい思いをしたとしましょう。

そのときはいったん引き下がったものの、家へ帰った途端に平常心をかき乱されるのです。**「感じたことの半分も言えなかった！」「こう言い返せばよかった」と、悔しさがじわじわと滲《にじ》み出してきて、それが怒りに変わっていったりします。**

あとで、その場では思いつかなかった、いい反論の言葉が出てくるからやっかいです。まさか、相手に電話して、思い浮かんだ言葉を投げつけるというわけにもいきませんから、余計に悔しいし、腹が立ちます。怒りをぶつける相手がいない、まさに孤独な怒りです。悶々《もんもん》として、ベッドに入っても、なかなか眠れません。

そういうタイプの怒りは、なぜか粘着性を帯びています。なかなか頭から離れません。離れないどころか、次々と記憶がよみがえってきて、どんどんエスカレートしてしまうこともあります。その仕組みを考えてみましょう。

家へ帰ると、「今日、どんなことがあったか」と、ふっと振り返る瞬間があると思います。そのとき、口論のことを思い出したりします。「感じたことを口にできなかった」「悔しかったな」という感情がジワッと湧き上がってきます。

「怒りの脚色」をしていませんか

人間は、ひとつの怒りを起点にして、さまざまな記憶を掘り起こすことがありま

す。「あの人は前にも同じことを言った」からはじまって、「そういえば、別の人も、私をバカにした」「ああ、悔しい」と怒りの波紋がとめどなく広がります。

そんなときはどうしたらいいでしょうか。

放っておけば、「怒りの連鎖」を生み出します。とっくに忘れていた心の奥底の怒りまで呼び起こしてしまいます。たったひとつの怒りに「脚色」が加わって、ときにはフィクションにまで膨らんでしまうのです。そうなると、もはや別の怒りです。

私はライフワークとして、映画作りをやってきました。監督をやりますし、脚本を書くこともあります。フィクションの世界の脚色は当たり前のことですが、連鎖が生み出した「怒りの脚色」はいただけませんね。

この「心のモード」を変えるために、何かをしなければなりません。何かあるはずです。それをやることで、気持ちが変わるようなことが……。

ひとつの方法として、ジョギングとかウォーキング。走ることと歩くことに集中することがあります。ジョギング、ウォーキングなどのフィジカル面でのリズミカルな運動によって、脳内にセロトニンという物質が出やすくなります。序章でも触れましたが、セロトニンは感情をコントロールするのに欠かせない物質です。歯止めがきかない感情にブレーキをかけてくれます。怒りに対しても、静める方向に働きかけてくれます。

怒りの特効薬「セロトニン」分泌法とは？

では、セロトニンの分泌を促すために、どんなことをすればいいのでしょうか。

お日様に当たったり、ヨガや気功をしたり、お経をあげたりするときも、セロトニンはたくさん分泌されるといわれています。ガムをかむのも有効です。それからマッサージでも、セロトニンは分泌されます。家族に「ちょっとマッサージしてくれないか」とお願いしてみてもいいのではないでしょうか。

庭いじりもそうですし、ペットがいれば、夢中になって遊んでみるのもいいでしょう。

私のおススメは、カラオケボックスで絶叫しながら歌うことです。大声でシャウトすればストレス発散にもなりますし、何より気持ちを切り替えるのに有効です。

とにかく、雑念を払って集中しなければできないことをやることです。

「セロトニン、セロトニン」と口ずさみながら、違うことに集中しましょうよ。「怒りの脚本家」にならないように……。

メソッド10

日々の怒りはスキルアップのエネルギーにする

他人から軽く扱われた時こそがんばれる

自分を軽く見る人への怒りがフツフツと

私自身、実感していることですが、非正規社員やパートで働く女性の中には、とても能力が高い人がいます。そんな人のスキルを有効に使わないのは、会社や組織にとっては大きな損失です。もちろん、女性にかぎったことではありませんが……。

たとえば「ブラック企業」と呼ばれる会社や組織、あるいはそこで働く正規社員は、変なプライドなのかもしれませんが、非正規社員やパートで働く人を下に見る傾向が少なからずあるようです。

ですから、**明らかに作業の効率化に役立つプラン、業績にプラスになる企画などを提案しても、スンナリと採用されることがないかもしれません。**

「言われたことを、やってくれればいいから」

「パートという立場の範囲でお願いします」

そんな言い方で門前払いをされたら、ムカッときてしまいますよね。そこでムキになって、自分の意見がいかに優れているかを訴えても、余計に煙たがられるだけです。

「昔は、ここよりももっと大きな会社で、もっと能力のある人たちと一緒に仕事をしていたのに、どうしてこんな目に遭わなければならないの」

そんな怒りも湧き上がってきます。さて、この怒り、どうやって静めたらいいでしょうか。感情というのは、放っておくと、どんどんエスカレートしていきます。最悪、怒りから殺人が起こったりもするわけです。

怒りはやり方次第でエネルギーに変えられる

怒りには、相当に強烈なエネルギーがあるのは間違いありません。

けれども、エネルギーというのは使い方次第で役に立つものです。

要は怒りのエネルギーを、人を攻撃したり、やけくそになるというマイナスではなく、もっとプラスに使えばいいのです。そのときに役立つのは、冷静さと理性です。

感情が暴走しそうになったとき、冷静さや理性はブレーキやハンドルの役割を果たします。パートのくせにと軽く見られたとき、冷静さや理性を使って、どういう方向にハンドルを取ればいいでしょうか。

その怒りのエネルギーを自分のスキルアップの原動力にするのです。

たとえば、資格を取ってみたらどうでしょうか。ファイナンシャルプランナー、社会保険労務士、宅建、医療事務、簿記、行政書士……。ステップアップに役立ついろいろな資格があります。

会社にとどまったままでも、資格を取れば、もっと重要な仕事につける可能性も生まれます。パートだとバカにした社員たちを見返すこともできます。その会社に見切りをつけて、自分のスキルを十分に生かせる転職ができるかもしれません。
また、興味のある資格を取って、まったく違う道でがんばってみる手もあります。

エネルギーの無駄使いはもったいない！

大切なことは、怒りのエネルギーを外に向けることです。それ以外の道もあるのだということを知ることです。これまで、あなたは受験や就職試験などを突破して、仕事でも性別に関係なくがんばってきたのではありませんか。そんなあなたが、資格の一つや二つ、取れないはずがありません。

選択肢を、日ごろからシミュレーションしておくといいでしょう。腹の立つことを

言われても、「私にはいくらでも別の道があるんだ」という思いが怒りの防波堤になります。冷静で理性的でいられます。いま、家庭で廃棄された使用済みのてんぷら油を精製して、そのオイルでクルマを走らせる技術があります。これと同じです。ただ怒りをぶちまけていても何の役にも立ちません。もったいないじゃありませんか。怒りは冷静さと理性があれば、エネルギーに変えることができるのです。

一度、資格試験の通信講座のパンフレットでも取り寄せて、どんな資格があるかを調べてみるといいでしょう。「こんなのがあるんだ」「自分にはこれが向いている」「この資格を取ったら独立できるかもしれない」……。具体的目標を見つけることは夢を現実にする第一歩です。

そうすれば、自分を蔑《さげす》んだ相手に感謝する日が訪れるかもしれません。「この、てんぷら野郎！」という心の言葉をひそかにスキルアップのエネルギーにしましょうよ。

第3章

ダメな人にイライラした時の対処法

メソッド11

つまらなくて長い話には心の中で「ツッコミ」を入れる

苦痛、怒りの時間を楽しみに変える

「聞く苦痛」をどうするか

世の中には、自分のことばかりを話したがる人が、けっこうたくさんいるものです。

「夕べ、誰と一緒に飲みに行って、酔っ払ってこんな話をして、帰りにラーメンを食べて、帰ったらもうかったるくて着替えもせずに寝てしまった……。ああ、また太っちゃうよー……」

そんなこと、こちらにはまったくどうでもいいことです。そんな話をダラダラといつまでも聞かされる。聞いているうちに、「好きにしろ」「それがどうした」と、だんだんと腹が立ってきます。

そういう人の相手をするとき、ヘタに相槌を打ちながら聞いていると、いつまでも話は終わりません。途中でこちらが怒って「もういいから」とさえぎれば、相手も

怒ってしまうかもしれません。またまた、怒りの連鎖です。

上手に対応しなければならないタイプの人です。相手にしないのがいちばんですが、なかにはそう簡単にいかない関係もあります。お姑さん、兄嫁、義理の姉、会社の上司、先輩、大切な取り引き先の人……。

話を聞くのも苦痛、でも逃げ出すこともできない。もう、こうなったら、その苦痛の時間を楽しみの時間に変えてみようではありませんか。

「つまらない」を楽しむ方法

私は、そういうときには、漫才師になります。相手はボケ役。私の役はツッコミです。心の中で、相手の話にツッコミを入れることにしています。「それがどないしたんや」という漫才のノリです。

「昨日、友だちとお酒を飲みに行って、えらく酔っ払ってしまってさあ」

←（酒を飲めば、誰でも酔っ払うよ。お前だけじゃないだろ）

「帰りの記憶がなくてさあ」

←（そこまで飲むなよな、学生じゃないんだから）

「それでもきちんと帰っているから不思議だよな」

←（財布は大丈夫だったの？　クレジットカードは？）

「それでも二日酔いにならなかったなあ」

←（酒が強いのって、そんなに偉いことか。ほかにないのか、ほかに！）

そんな調子でツッコミを入れて、相手がいくらつまらない話をしてきても、それで楽しめるようにするのです。ただし、これは「心のツッコミ」。間違っても声にしてはいけませんよ。

いったい、この人はどこまでつまらない話をし続けることができるか試してみるというのもいいでしょう。しゃべるほうが、いつ参ったと言うか、持久戦勝負です。

こんな役回りを演じることは滅多にないのですから　話を続けさせるには、「うんうん、それでどうしたの?」と相槌《あいづち》、合いの手を続けます。

そうやって、延々と「話し手」対「聞き手」のバトルを続けるのです。

禍転じて、勝者になる

ここまでくると、話している側が、だんだんネタ切れです。ネタ切れすると、急に冷静になって、「つまらない話をしすぎたかな」などと殊勝《しゅしょう》な言葉を吐いたりします。

そうなれば、ツッコミ役のあなたの完全勝利です。

郵便はがき

105-0003

切手をお貼りください

（受取人）
東京都港区西新橋 2-23-1
3 東洋海事ビル
（株）アスコム

「もう怒らない」ための本

読者　係

本書をお買いあげ頂き、誠にありがとうございました。お手数ですが、今後の出版の参考のため各項目にご記入のうえ、弊社までご返送ください。

お名前	男・女	才
ご住所　〒		
Tel	E-mail	
今後、著者や新刊に関する情報、新企画へのアンケート、セミナーのご案内などを郵送または eメールにて送付させていただいてもよろしいでしょうか？ □はい　□いいえ		

返送いただいた方の中から**抽選で5名**の方に
図書カード5000円分をプレゼントさせていただきます。

当選の発表はプレゼント商品の発送をもって代えさせていただきます。
※ご記入いただいた個人情報はプレゼントの発送以外に利用することはありません。
※本書へのご意見・ご感想に関しては、本書の広告などに文面を掲載させていただく場合がございます。

●本書へのご意見・ご感想をお聞かせください。

ご協力ありがとうございました。

大変な作業ではありますが、そこまでやれば、相手は二度と同じことを繰り返しません。なにしろ相手は敗者なのですから……。思わぬ副産物もあります。

「あいつは、よく話を聞いてくれる」

「すごくいい奴だ」

高い評価です。それが、まわりまわっていろいろな人の耳に入り、あなたの株が上がります。後日、とても有益な話が舞い込んでくるかもしれません。

聞き上手は、円滑な人間関係を結ぶための最高の武器です。

怒ってしまえば、何も得るものはありませんが、ちょっと見方を変えて、上手に生かせば、自分自身のキャパシティを高めることにもつながるのです。

この手法、愚痴っぽいお姑さん相手でも使えます。

「つきあいは軽くていい」と割り切る

相手の人生を想像すれば怒る気をなくす

不機嫌につきあうのはやっかい

たまらないですね。むかつきますねえ。こっちが一生懸命に話しかけているのに仏頂面をして、ろくに返事もしない人って……。

そんな人と毎日顔を合わせて仕事をするとなると、かなりのストレスになります。

できれば、近づきたくないけれど、仕事だから、コミュニケーションを取らないわけにはいきません。声をかけるたびに、不愉快そうな顔をして生返事が返ってくるのですから、「いい加減にしろ！」と怒鳴りたくもなってきます。

しかし、怒鳴ったところで、その人の態度が変わるわけではありません。ますます不機嫌になって、今度は返事さえしなくなるかもしれません。仕事もスムーズに進みません。そうなってしまったら、もう「出口なし」です。

私の体験上、言えることがあります。

「いつも不機嫌にしている人は、執念深い」

うかつに怒りをぶつけてしまうと、後々までやっかいです。ウソ、手の込んだ情報操作など陰湿で巧妙な手口で反撃をしてきます。場合によっては、あなた自身が職場に居づらくなってしまうことにもなりかねません。

そんなことになってしまうのはバカバカしいことです。怒りたい気持ちはわかりますが、何とか冷静に対処したほうが得策です。

他人の生きる背景を想像してみる

どんなことにも、原因があって結果があります。要するにその人が仏頂面をしているのにも原因があるはずです。

いったい、なぜ、そんなに不機嫌なのか。返事もろくにできないのか。ちょっと想

像してみると、妙案が見つかるかもしれません。

相手が女性だとします。ひょっとしたら、彼女には悩みがあるのかもしれません。夫がとてもだらしなくて、ギャンブルで多額の借金を作って、蒸発してしまった……。

もし、そうだったとしたら、いつも不機嫌そうにしているのもわかりますよね。子どものことで悩んでいるかもしれません。息子が暴走族に入っていて、夜になると出ていってしまう。お金を勝手に持ち出していく。学校も行かないし、警察から呼び出されたりもする。説教でもしようものなら、暴力を振るう。そのため、家の中はグチャグチャ。

夫も、相談相手にはなってくれない。息子にも何も言えず、目を合わさない。そんな状況では、とてもニコニコなどしていられません。

別の想像もできます。ひょっとしたら、彼女は幼いときに、親からひどい虐待を受けて育った人かもしれません。そのときのトラウマがあって、人とうまくかかわれなくなっているということも考えられます。人には生きてきた、あるいはいま生きている背景というものがあります。それを想像してみることです。

ろくに返事もしないという人は、多くの場合、何か不幸を背負っているものです。「自分だけがどうしてこんなにもひどい目に」と感じているかもしれません。被害者意識が極度に強い場合もあります。

「悪意はない」と受け入れる

こうした場合、悪意があるわけではない、と思えば多少なりとも怒りが収まるのではないでしょうか。**まず取るべき対応策は「この人は、こういう人なんだ」と受け入**

れてしまうことです。人に対して、返事ができないのだと決めてしまいます。

私自身、精神科医であっても、簡単に心を開くことのできない人も数多くいます。よかれと思って取った対応も効果を発揮しないこともあります。ますます心を閉ざしてしまうことになってしまうこともあります。

濃密な人間関係だけがいいとはかぎりません。「軽い関係」「薄い関係」を求める人もいるのです。それでいいではありませんか。

返事など期待せず、とにかく仕事だけはきちんと進められるように、最低限のコミュニケーションを取るようにします。「**軽く**」「**薄く**」**関わっていく。それだけを心がければいいでしょう。怒りが生じる余地はありません。**

メソッド13

攻撃的な人には「反論」ではなく「相談」する

「下手」に出れば、結果的に「上手」の存在になれる

怒りが頂点に達した一方的な「ダメ出し」

最近は、ほとんどの人がメールを使いこなします。私自身も大いに活用しています。それはそれで結構なことなのですが、**受け取るメールの中には、人を怒らせるものもあります。言葉遣いのマナーをわきまえなかったり、高飛車だったりすると、カチンときてしまいます。**みなさんもそんな経験があるはずです。

ある知人女性から聞いた話です。

自分の子どもが通う学校のＰＴＡ活動でのこと。彼女は、バザーの責任者を引き受けました。張り切って、趣向を凝らした企画書を作り上げました。それをメールでメンバーの保護者に送ったそうです。

しかし、その企画をメールで酷評してきた人がいました。

頭ごなしの「ダメ出し」でした。労をねぎらうような言葉はひと言もありません。その送り主はＰＴＡの中心的な女性でした。バザーを何度も仕切ったことのある女性でした。メールの文面は知人女性のプランを「間違い」と切って捨ててしまっています。

ふだんはおとなしいのですが、知人女性の怒りは頂点に達しました。

返信メールは一晩「寝かす」

えてして、メールの文章は細かいニュアンスが伝わりません。相手の表情もわかりませんから、まさに「文面通り」。**嫌な感じが強く伝わってくることがあります**。そこに怒りの種を見つけてしまいがちです。相手と同じ文章の調子で反論のメールを戻したりすれば、その数倍の反撃が待っているかもしれません。

こんなとき、相手の「売り言葉」を買ってはいけません。買ってしまえば、次の

「売り言葉」が返ってきます。

ある有名な作家は、返信メールは一晩寝かせてから出すそうです。どんなに自分を怒らせたメールであっても、即返信はしません。翌朝、冷静になってから読み直し、これなら大丈夫となれば、送信ボタンをクリックするのです。とても賢いやり方です。

私自身も、しばしば「うーん、こういう自己中心的なメールはないよな」「こっちの都合をどう考えているんだろう?」「無理に決まっているだろう」などと、送られてきたメールに怒りを覚えることはあります。ビジネスパートナーへのねぎらいの言葉もなければ、敬意を感じさせる言葉もありません。すぐにでも異議や反撃のメールを送りたくなりますが、すぐには送りません。メールは、送信すれば取り返しがつきません。

「売り言葉」と感じて、その言葉を買ってしまえば、決裂するしかありません。

「同じ穴のムジナ」になってはいけません

それではあなたも「同じ穴のムジナ」になってしまいます。このタイプのムジナさんはじつに単純な人です。その単純さを逆手に取ればいいのです。**賢いのは怒るのではなく「相談する形」を取ることです。「自分はよくわからないから、教えてほしい」と下手《したて》に出るのです。**

たとえば、知人女性の企画に高飛車な「ダメ出し」をした人に対しては、「いろいろと教えてください。どこをどう直せばいいでしょうか？　それをもとにみなさんで話し合えればと思います」と返事をしてみれば、どうでしょうか。

ムジナさんは悪い気はしません。単純な人ですから、リアクションが来ます。メールのトーンはいくらか和らいでくるはずです。そうなればシメタものです。

なにしろ、相手はムジナさんです。やり合うだけ、エネルギーの無駄づかいです。

相談するような形で下手に出たメールを出しておけば、ミーティングのときにどんなことが起こってくるか想像してください。

「何度もバザーを経験されている○○さんから、アドバイスをいただきましたので、手を加えてみました。みなさんのご意見もお聞きして、方向性を決めたいと思います」

そうすれば、まわりの人から、「なかなかできる人だ」とか、「あのうるさ型をうまく手なずけたものだわ」などと、一目も二目も置かれる存在になるかもしれません。

高飛車な怒りの感情には、「下手に出る」という賢い技で応じる。それが、結果的に、あなたという存在を「上手《うわて》」にしてくれるのですよ。

「ＫＹ」な人にイライラしたら「気持ちのいい青空」を思い出そう

悪意を持ってジャマしている人などいない

リズムの違いでイライラ

「この人、私に意地悪している」
道を歩いていて、そう感じることがあります。相手は見ず知らずの人。

「よりにもよって急いでいるのに」

こんなことはよくありますよね。こっちはハイヒールのかかとが折れるくらいコツコツ音を立てて歩いているのに、気がついてくれない。さらに急ぎ足で右から追い抜こうとすれば相手も右に、左に戻れば合わせたように左に……。

「これって嫌がらせ？」

とくに通勤途中なら一日中怒りが消えずに過ごすことになってしまいます。いつもギリギリで出勤する自分のことは棚に上げ、人のせいにしてはいけませんよ。

「そんなことはわかっている！」

わかっていることを指摘されるとよけいに腹が立つものです。**それはちょっとした他人とのリズムの違いにすぎないのです。**

そんなとき「だって」、「でも」そんな接続詞のオンパレードになっていませんか。よく考えてください。誰しも他人の都合に合わせて生きているわけではありません。

「他人の振り見て」ばかりではいけません

「電車のドアの近くでたむろする女子高校生」「歩道を横に並んで歩いているベビーカー族」「夕方の商店街でのんびり立ち話しているお年寄り」「リードを伸ばして犬の散歩をしている中年女性」……。街にはそんな光景がたくさんあります。

こちらは急いでいるわけではない。でも、自分のリズムを乱されると、どうしてもイライラしてくるものです。しかし、ちょっと我が身を振り返ってみてください。あなたに心あたりはありませんか？

「コンビニで友だちとファッション雑誌を立ち読みしていた」「女子会で飲みすぎたメンバーと電車の中で大声で騒いでいた」「安売りの数量限定の本マグロを買おうと、子どもを放っておいた」……。出てくる、出てくる！

記憶の糸をたどってみれば、いくつもそんなシーンが浮かんでくるのではありませんか？　そんなとき、あなたはまわりの人に、わざと迷惑をかけようと思っているわけではないはずです。

「急がばまわれ」。使い古された言葉ではありますが、急いでいるときに、わざわざ遠回りしなさいと言っているわけでは決してありません。

日ごろから急いでいるときや想定外の状況のときこそ、目の前の人がジャマだからといってイライラせずに、冷静さや理性が事態を解決するキーワードであることを言っておきたいのです。

世の中には、万事マイペースの人がいます。まわりの空気を読めない「KY」ぶりを発揮して、ときにはまわりの人をイライラさせたりもします。でも、それは決してわざとやっているわけではないのです。

小津安二郎の「お先にどうぞ」に学ぶ

私の好きな英語の言葉に「comfortable」（カンファタブル）という言葉があります。中学校で習う単語ですね。「心地よい」「快適な」という意味です。そんなときは、あなたにとって「comfortable」なシーンを思い浮かべるクセをつけてみてはどうでしょうか。雨上がりの気持ちのいい青空、可愛い子どもの顔、いつか行ったハワイの海、思い出の映画のワンシーン。そうすれば、「わざとジャマしている」なんて感じることはありませんよ。

私はライフワークとして映画製作を手掛けています。私が敬愛する映画監督の一人に小津安二郎がいます。終戦後、彼が戦地から引き揚げ船に乗るとき、こう言ったそうです。それも明るく、乾いた声で。

「俺はあとでいいよ」

まわりからは驚きの目で見られたそうです。彼はどんな「comfortable」を心に浮かべていたのでしょうか。「われ先に」の重い空気が和らいでいく光景が目に浮かびます。小津監督は作風通りの人柄だったとのことです。

「お先にどうぞ」「ありがとう」には力があります。明るく、軽く、乾いてはいますが、「力持ち」です。

待つ時間を「自分時間」にすればイライラしない

本を読む、調べものなど
普段できないことをする

「待つ」も「待たせる」もイライラの種

最近は、待ち合わせのときの緊張感がなくなりました。携帯電話の普及がそうさせたのかもしれません。私も若いころは、約束の時間に相手の姿が見えないと、「時間を間違ったかな」「場所が違ったかな」と不安になったものです。キョロキョロしたり時計を何度も見たりして、無事に会えるまで落ち着かない時間を過ごしました。

約束の時間に大幅に遅れそうになると、連絡が取れませんから、気が気ではありません。電車の中でも、走り出してしまいたいと思うほどでした。

携帯電話全盛の現代は、ちょっと遅れても電話をすればいいやと、軽く考えてしまう人も多くなってきています。

そんな風潮からかどうかはわかりませんが、**仕事でも遊びでも、相手を待たせても平気でいるという迷惑な人がいます。**約束の時間に10分、20分遅れるのは当たり前。やっと来たと思ったら、「どうも」のひと言ですませてしまう。

でも、どうせ遅れるだろうと思って、こちらが遅く行ったときにかぎって、時間通りに来ていたりする。そして、時計を見ながら、「10分待ちましたよ」。そんなことを言われたら、やっぱり怒りが込み上げてきますよね。

待ち時間は「ムダ時間」ですか？

私は、誰かと待ち合わせをするときには、早めに待ち合わせ場所へ行って、本を読みながら待っています。そうすれば、待つことがそれほど苦になりません。

その本が面白ければ、もっと先まで読みたくて、退屈な（失礼）打ち合わせよりはずっと充実した時間が過ごせます。遅れてもらったほうがありがたいという気分にもなるのです。待ち時間は「ムダ時間」ではないのです。

ですから、怒りも湧いてきません。遅れてくればもう少し先まで本が読めたのにと、逆のことで怒りたくなったりします。いずれにしても、時計を見ながらイライラしているのは、それこそもったいない時間です。本でなくてもいいでしょう。仕事の資料をチェックしても、知り合いにメールを送っても、ネットで興味あることを調べても、いくらでも時間をうまく利用する方法はあります。

ものは考えようです。待つ時間は一人でいられる貴重な時間と考えてみてはどうでしょうか。たとえ5分10分であっても、それは自分の時間です。自由に使うことができます。待ち合わせに遅れてくる人は、そんな時間をプレゼントしてくれる人です。そんなありがたいことを、怒りに変えてしまうのは、本当にもったいないし、愚かなことと思えばいいでしょう。

たとえば、私は国内、海外を問わず、出張の移動時間をとても大切にしています。有能かつ多忙なビジネスマンはそれができる人だと思います。

待たされることで「貸し」が生まれる

とはいえ、人を待たせること自体は決して褒《ほ》められることではありません。人を待たせて平気だという人も、どこかで「しまった」「またやってしまった」という気持ちがあるはずです。だからこそ、平静を装っているということも考えられます。どんな人でも、**人を待たせれば相手に対して負い目を感じているのです。逆にいえば、待てば相手よりも優位に立てるということです。**

ビジネスで成功している人は、ほぼ例外なく、約束の時間に遅れません。つねに早めに行って待っていることを心がけています。そういう人にとっては、待つことも、ひとつの作戦かもしれません。**人間関係において、待つのは「貸し」、待たせるというのは「借り」です。ですから、遅れたからと、怒りをぶつけたり、不愉快な表情を露わにせずに笑顔で「いいわよ」と、寛容さをアピールしましょう。**

私は、日ごろから、待ち合わせには早めに行くことにしています。それは待たされるトレーニングにもなるからです。相手を待ちながら、どうしたらイライラせずにいられるか、あれこれ試すことができます。

「待ち時間」を「自分時間」にすることで、短気な私も我慢強くなりました。決闘で待たされてイライラし、宮本武蔵に負けてしまった佐々木小次郎になってはいけません。

第4章

理不尽さにカッとした時の対処法

メソッド16

怒りに耐えるには腹筋と背筋に力を入れる

歯を食いしばるついでに「筋トレ」を行う

自分が「目下」のときの怒り

瞬間的に怒りが込み上げてくる状況というのは、数多くあります。

とくに仕事のシーンでは、怒りへの対処法には注意しなければなりません。クライアントとか上司とか、口答えできない関係では、理不尽なことを言われても、それに耐えなければなりません。

そういうシチュエーションは、けっこうきついものです。心の中は、怒りの炎が燃え盛っています。しかし、そこで爆発したら、ひょっとしたら仕事を失ってしまうかもしれません。

私にも経験のあることですが、大学病院の医者などは大変です。大学病院は完全な縦割り組織で、医局という単位で動いています。教授はいわば「親分」です。そうなると、ある局面でたとえ教授が間違った主張をしたとしても、「子分」である若手の医者はとても逆らえません。

怒りを感じても、それをぐっとのみ込む。おかしなことですが、それが医局制度のもとでうまくやっていくコツです。大学で出世するには、教授からの評価が絶対です。腹の立つ教授でも、勤務先の紹介をしてくれたりしますから、持ちつ持たれつの関係ではあるのですが、何とも窮屈で、私にはとても務まりませんでした。

理不尽な小言を受け流す3つのコツ

働いている女性も、そんな怒りを覚えることは多いでしょうね。

どう考えても能力に乏しい上司から呼び出されて、仕事の進め方について、理解不能な注文をつけられことも あるでしょう。そんなとき、どうすれば、怒りを抑えてその不愉快な時間をやり過ごすことができるでしょうか。

「ふざけないでくださいよ!」

そう怒鳴り返したら、どんなにすっきりするか。そうは感じても、関係が気まずくなれば働きにくくなりますし、辞表を叩きつけるわけにもいきません。部下としてそれなりのマナーは守らなければなりません。

そんなときは、まず姿勢を正すことです。背中が丸まっていてはいけません。背すじをピンと伸ばします。間違っても、うなだれた姿勢はダメです。それは敗者の姿です。

次は血流を整えましょう。怒りが込み上げているときは、頭に血が上っているわけですから、それをイメージでスーッと下へ下げていきます。首を通って、さらに胸を通り過ぎて、お腹まで。おへそより少し下の下腹部へ頭に上った血液を集める感覚です。下腹部を意識して、そこにグッと力を入れる。

さらに呼吸を意識します。できるだけ、ゆっくりと大きく呼吸します。怒っているときは、速くて浅い呼吸になっているはずです。怒りや恐怖、不安を感じているときの症状です。ゆっくりした呼吸は、自律神経の副交感神経を優位にします。それがリラックス効果を生み出します。ほどなく心が落ち着いた気分をもたらします。

空ぶりパンチの上司は「打ち疲れ」で完敗

心の中では、不愉快な上司に説教されている自分の状況にはフォーカスを当てません。別のことを考えます。かわいいお子さんのことでもいいでしょう。大好きなテレビドラマが、これからどんな展開になるかなでもいいでしょう。大好物の料理、お酒のことでもいいでしょう。そうやって、上司の話を聞きます。見た目は、神妙に反省している人を演じます。**叱責している人間は、背筋が伸びて、下腹部に力が入っている人が目の前にいることで威圧感を感じはじめます。無言の威圧感です。**

怒っているのは上司、怒られているのはあなた。

そういう立場なのですが、威圧感を感じさせることで、心の闘いでは逆転することができるのです。上司の心の中は、動揺でいっぱいです。こちらのほうが、確実に優位に立ちはじめているからです。

そうなると、叱責の勢いは、どんどん弱くなっていきます。上司は空ぶりのパンチを繰り出しているのです。あなたは打たせておけばいいのです。相手は勝手に体力を消耗してしまいます。いつもなら30分も続く叱責であっても、こちらが優位に立ってしまえば、10分くらいで終わってしまうこともあるはずです。

そこでゴングがなります。

「申し訳ありませんでした。これから気をつけます」

あなたは深々と頭を下げながら、大きな声でそう言いながら仕事に戻ればいいでしょう。もう完全に、あなたは勝利者です。

理不尽に怒る上司は「この人、出世しない」と見限ればいい

「should（〜すべき）思考」の人には何をやってもムダ

自分の完璧、ベストをまわりに強いる人

「うるさい！　ダメといったらダメ！」

どんなことでも、こちらの言い分を聞かずに、全否定されれば誰だって怒ります。

「あの人、許せない！　蹴飛ばしてやりたい！」

仕事の場でも、プライベートでも、そう言われたときのムカつきは半端ではありません。かなり感情をコントロールできていると自負している私でも、額がピクピクと動くことがあります。**人の話を聞かずに頭ごなしに相手の希望や主張を全否定する人は、「こうすべきだ」という気持ちが強い人です。これを「ｓｈｏｕｌｄ思考」といいます。**

たとえば、デスクの上が散らかっているのが許せない人がいます。

「なぜ、片づけられないの」

頭ごなしに非難します。机の上はきれいにしておくべきだ。散らかっているとまわりの人を不愉快にさせる。そんなふうに思い込んでいるのです。

言われた人にとっては、少々、ゴチャゴチャとしていても、仕事に支障さえきたさなければ気にならないかもしれません。そんなことはお構いなしに非難してくるわけです。言われた人は、腹が立ちますねえ。

だいたい、そういう人は、やっかいなことに、「自分は正しい、相手が間違っている」という思いが決して揺らぐことはありません。「ｓｈｏｕｌｄ思考」の強い人は、「完璧でなければならない」「ベストを尽くすべきだ」と考えがちです。

「絶対的正解」なんてありません

私などは、この「ｓｈｏｕｌｄ思考」には縁遠いタイプです。たとえば、執筆業に関してもそうです。原稿の締め切りに間に合わなくても「まあ、許容範囲だからいいか」とか考えるタイプです。（編集の方、ごめんなさい）

「ｓｈｏｕｌｄ思考」の人から見れば、「なんて甘い人なんだ」「本当に大雑把《おおざっぱ》な人だ」あるいは「いい加減な奴だ」と思われてしまうかもしれません。

でも、締め切りはともかく、「あとは読者にまかせよう」という考えが無責任で間違っているとは思いません。「絶対的正解」など、そもそもないのです。

「wish思考」は心地いい

「should思考」の人は、まわりに「快」の空気をもたらしません。もたらすのは「不快」だけです。これは決定的です。

ですから、自分が期待するほど、上司からも評価されません。**出世がすべてではありませんが、不快な「should思考」の持ち主は、そんなに出世ができないでしょう。**あなたのまわりにも、いますよね。

「そういう人なんだ」

これで十分です。自分のほうから見限ってしまいましょう。怒るのがバカらしいくらいです。かりに、怒りをぶつけたところで、「should」の硬度は並み大抵ではありません。どんな怒りもはね返します。

「ｓｈｏｕｌｄ思考」の対極にあるのが「ｗｉｓｈ思考」です。

「完璧だといいな」「ベストを尽くしたいな」というゆるい感じの思考法です。「できたらいいな」「でも、できないかもしれないいな」……。

そんなふうに考えていると、何をするにも、ムダなプレッシャーを感じることはありません。かりに結果が伴わなくとも、過度に自分を責めたり、怒ったりことはありません。もちろん、まわりの人や家族を怒らせることもありません。心地いい思考法です。

メソッド18

人の失敗にムカついたら「イチローだって4割未満」と考える

「まだ半分」ではなく「もう半分」と考える

たったひと言が怒りを呼ぶ

「いつも君は、報告を忘れる」

あなたは、そんな言葉から部下に説教をはじめてはいないでしょうか。

部下としては、昨日も一昨日もきちんと報告したのに、「いつも」と言われたら、ムカッときます。もし、あなたが上司の立場なら、軽率な怒り方です。

「いつも君はリミット時間に間に合わないんだから」

また、部下が頼んだ日までに仕事を終わらせることができなかったとき、そういってしまうことはないでしょうか。たったひと言が他人を怒らせるのです。

自分は「明後日、午後3時までにやってくれ」と頼み、部下も「わかりました」と答えたとしましょう。頼んだ上司としては、たしかに腹立たしいことです。しかし、部下からすれば、それを「いつも」と言われるのは心外。怒りも湧いてきます。怒りのままに「いつも」と言われた部下は「いつもじゃない。今日だけだ」と反論したくなります。怒りの応酬です。

「加点主義」なら怒りは収まる

このケースでは、怒る上司に問題があります。

そんなとき、上司であるあなたはイチロー選手を思い出しましょう。「えっ？」と驚かれる方も多いでしょう。でも考え方のヒントがあります。**天才といわれるイチロー選手ですが、その全盛期でも、打率は4割には届きませんでした。**野球の世界では、打率3割なら一流バッターです。日本のプロ野球でも4割を記録したバッターは一人もいません。10回打席に立って7回失敗しても一流なんです。

上司は部下の7回の失敗よりも3回の成功に目を向けるべきです。つまり「減点主義」をやめるのです。そうすることで、怒りは消えていくとは思いませんか。

仏教用語で「少欲知足」という言葉があります。「欲を少なくして、足るを知る」という意味です。もっと仕事ができる部下になってもらいたいという気持ちはわかります。しかし、減点主義はいけません。仏教的に言えば、それは欲ということになります。少しずつ少しずつがんばってくれればいいという目で部下を見るといいでしょう。

そして、より大事なのは「知足」の部分です。**上司は部下の足りていることを知るべきです。良くやっているところ、がんばっているところを見てあげるようにするのです。こちらは「加点主義」です。**「そんなこと、できない」と思うかもしれませんが、どんな部下でも、失敗を楽しんでいることなどありません。

「どうして、企画の提案がお客さんに受け入れられなかったか」『リスクはありますが』のひと言がいけなかったのかな」、あるいは「ベテラン相手に初歩的なことを話しすぎたかな」などと、失敗の原因を探っています。部下自身が「減点主義」に陥っているのです。

そこで上司のあなたが怒りをぶつける「減点主義」の追い打ちは、何の役にも立ちませんよ。イチロー選手は、「打てなかった打席のことを引きずると、打てなくなってしまう」と言っています。うまく打てた打席をイメージしてバッターボックスに立つと、いい結果が生まれるのでしょう。

「加点の材料探し」をしてみませんか

たとえば、もし、あなたが子どもを持つ親なら、子どもとのつきあいに「加点主義」を採用してみてください。**「加点主義」は積極性と笑顔を、「減点主義」は委縮と**

怒りを生み出します。怒りを抑えた「加点主義」はあらゆる人間関係を円滑にします。仕事の場でも、家庭でも、ご近所づきあいでも、使えますよ。

私自身、患者さんと接するときも、勤務先の大学院や運営する進学塾で学生、生徒と接するときも心がけていることです。「今日は前回よりも顔色がいいですね」「論文の趣旨が明快だね」「物理の成績が飛躍的に伸びたね」……。ちょっと頭を使えば、「加点主義」の材料はいくらでも見つかります。ライフワークで少年サッカーの審判をしている知人がこんなことを言っていました。

「何が楽しいって、子どもたちがいい連携プレーでゴールを決めたときに笛を吹くときです。イエローカードやレッドカードの笛はイヤですね」

いい話だとは思いませんか。

メソッド19

理解できないことは「スルー」する

他人を完全に理解することは不可能

あなたも若かったはずです

「いまどきの若い者は……」

あなたは、世代の違う相手に対して、怒りを口にするタイプですか？

これは、いつの時代でも、ある年齢以上の人の口から出るフレーズです。古代エジプトの遺跡の壁にもそんな言葉が刻まれているといいます。

私は50歳を過ぎましたが、30代の人が、「いまの若い奴らは」とか「俺がお前たちのころは」と、20歳くらいの人に怒りをぶつける姿を見ると、何だか妙な感じがします。30代の彼だって、私から見れば、「いまどきの若い奴ら」です。私も70代の人から見れば「いまどきの若い者」です。

私が若いころは、コンピュータなんて特別のものでした。インターネットで世界中がつながって、スマホがあって、タブレットがあって、電車に乗るときもカードで触るだけで改札を通ることができるなんて、想像もできませんでした。

それだけ時代が激動しています。そんな中で、いつまでも古い価値観を拠り所にすることはできません。

十把一絡にするから怒りを感じる

私自身は、若い人たちに怒るタイプではありませんが、気持ちはわからなくもないのです。「イチキタ＝一時帰宅」「ｔｋｍｋ＝トキメキ」「ウーロン茶男子＝ウザイロン毛の男」「かまちょ＝かまってちょうだい」「アラシック＝病気になるほど『嵐』が好き」などという、最近の若者言葉を聞くと、「ついていけないなあ」と思ってしまいます。その一方で、ちょっと面白いとも感じますけど。

若い人たちの言葉遣いを耳にして、怒る人たちには特徴があります。

・理解できないことに怒る
・好きでないことに怒る
・世代（年下、年上を問わない）に怒る
・人の属性をまとめて怒る（性別、職業、地位、国籍）

私は、「男」「女」「○○人」「○○大生」「○○生まれ」「○○教信者」など、人間の属性を十把一絡げにしてものを語ることは、よほどのことがないかぎりしません。ほとんど意味をなさないからです。人を語るとすれば、できるだけ個の単位で語ります。というのも、自分が「医者は」「大学教授は」「東大出は」「映画監督は」「物書きは」などという枕詞《まくらことば》で語られても、どう対応していいかわかりません。それが賛辞であっても、です。ましてや、それが批判であれば、「おいおい、まとめるなよ」と思ってしまいます。それは誰もが同じでしょう。

「最近の若い者は」もこれと同じです。指名された「若い者」が怒るのは当然です。「理解できないもの」「好きでないこと」に怒るのもおかしな話です。「賛成できないことに怒る」のは当たり前だと思いますが……。

怒らずに判断を保留する

若者言葉に怒るのは「理解できないことに怒る」ことですが、そうした姿勢では、何事であれ、自分の知識を広げたり、スキルを高めたりすることはできません。そうならないためにはどうしたらいいのでしょうか。

まず理解できないことに対しては、判断を保留することです。いわば「スルー」するのです。「さわらぬ神に祟りなし」ではありませんが、無理にかかわろうとするから怒りを感じてしまいます。若者言葉は小鳥のさえずり、蝉の鳴き声くらいに思えばいいのではないでしょうか。

時代によって、正しさは変わります。ひとつではありません。

そのことは、戦前から戦後への社会の変化を見れば、よくわかるでしょう。

私の親の世代は、世の中が一変するのを体験しています。昨日まで使っていた教科書が黒く墨で塗られて読めなくなり、敵国だったアメリカが、あっという間に理想の国となりました。英語を話せる人が知識人としてもてはやされるようになりました。

時代は流れています。
過去にしがみついて、時の流れに怒るばかりでは、見捨てられてしまいます。若者から学んでいく姿勢を保っていれば、この激動の時代も楽しめるようになります。
「今日はションドイナア」（＝正直、しんどい）
いっそ、怒りの代わりに、ウケを狙って、そんな言葉を口にしてはどうでしょうか。

メソッド20

頑固な怒りには「一杯のお茶」が効果的

一瞬の間が心のバリアを解く

猫のルール無視は許せるけれど……

先日あるパーティーでお会いした知人の話があります。ちょっと長くなりますが、ご紹介します。

その知人がよく行く和食屋は都内の有名商店街の一角にありました。**そこのご主人Mさんにとって困ったことが起きました。それは毎朝あらわれる「猫ばあさん」のことです。**

繁華街の早朝風景を思い出してください。カラスやノラ猫が生ゴミをあさり、散らかしている様子が目に浮かんできますよね。スーパーや昔からある商店から出るゴミもかなりの量です。それを狙って彼らはやってきます。我がもの顔でゴミ袋を食い破り、中身をあさり、食い散らかしたまま立ち去っていきます。私の知人もその様子を何回か目撃して、イライラしたそうです。

下町ブームでその商店街が有名になってからは、自治会が協力し合い、そんな風景は姿を消しました。しかし、一難去ってまた一難。しばらくして「猫ばあさん」が出没するようになりました。これには、商店街の人たちも怒りました。

「誰もわかってくれない」で生きている人

餌を探して徘徊《はいかい》している猫に食事の配給をするおばあさんです。彼女を見たのはMさんがたまたま河岸から早く帰宅したときでした。「たまにはいいだろう」と大目に見ていたのですが、毎朝のことだというので軽く注意しておこうと思いました。

「猫ばあさん」が現れるのは決まって7時。大量のパンの耳を入れた袋を片手にそこにやってきます。猫たちもその時間になると、どこからともなく集まってきます。

その場所はMさんの店のとなりにあるスーパーの前。優しく注意したMさんに**「エサをやるのは私の勝手だ」と聞く耳を持ちません。**

こんなとき、あなただったらどう対応しますか?

Mさんの対応は見事でした。決して特別なことをしたわけではありません。それが功を奏しました。

「湯呑に熱いお茶を入れて持っていっただけですよ」

Mさん本人はそう言うだけだったそうです。じつは心を落ち着かせて、かたくなな心を開くには一番いい方法なのです。いわば心の「武装」を解いて「丸腰」で接したわけです。私は知人の話を聞いて感心しました。

精神科医である私の仕事も、患者さんから話を聞くところからはじまります。二人だけで向き合うわけです。はじめての人が緊張しないわけはありません。まずは一服。それだけで気持ちはほぐれます。心を開いてもらうのに高価な医療機械は必要ありません。機械では人の心を開くことはできないのです。

「猫ばあさん」のような経験のある方も少なくないのではないでしょうか。みんなの前で頭ごなしにミスを怒る上司と、喫茶店に呼ばれて温かい紅茶を飲みながらミスの原因を詳《つまび》らかにする上司とでは、どちらについていこうと思いますか。

「一服」が心を開く

たとえば、あなたがお母さんだとしましょう。叱った子どもがいきなり家を飛び出して、夜遅くなっても帰ってこなかったとします。

「何を言っても無駄、あの子はどうせわかってくれない」と意固地になってはいませんか。

あなたの気持ちはよくわかります。しかし、そんなときこそ、落ち着いてまず一服しましょう。日本茶でもコーヒーでも、できたら気持ちを落ち着かせる効果のあるハーブティーなんかいいと思います。きっと解決の糸口が見つかるはずです。


Mさんが淹《い》れたお茶がおばあさんの心を開くきっかけになりました。お茶がおばあさんの気持ちを和らげました。はじめて自分の味方を見つけたと思ったのでしょう。

相手に味方だと思ってもらうためには、こちらがまず心を開くことです。

その後、面倒見のいいMさんは「猫ばあさん」の相談相手になってあげ、となりのスーパーと話し合い、駐車場の一角を猫スペースとして提供してもらったそうです。

Mさんは「猫おばあさん」の味方になったということです。


あなたを怒らす人に、怒って敵対するのは簡単なことです。でも、味方になって自分の怒りを理解してもらうように心がけるほうが、賢いやり方だとは思いませんか。

第5章

身近な人にカチンときた時の対処法

メソッド21

ウソでもいいから、まずは「ありがとう」

機先を制すれば、争いにならない

「どっちがやるか」で怒りたくなったら

「なぜ、女性ばかりがやらなきゃならないの！　不公平よ！」

今日もどこかの家庭で、こんな声が上がっているのでしょうか。共働き家庭ではもちろん、専業主婦であっても、**女性に押し付けられたさまざまな負担の多さに、怒りが込み上げてくることもあるでしょう。**

「役割分担を明確にするといい」とアドバイスしてくれる人がいます。アメリカ人の奥さんのいる知人宅は、役割分担がとても細かいところまで決まっていて、よかれと思って、相手の分まで手伝ってしまうと、「自分の領域を侵した」と叱られるそうです。そこまでいくと、いかがなものかと思ってしまいます。

たとえば、家の掃除。風呂場は私、リビングはあなた、和室は私、キッチンは、ゴミ出しは、食器洗いは……。たしかに、これでうまくいくかもしれません。しかし、本当に大切なことは、自分が役割を担うことで、ともに暮らす伴侶の負担を減らしてあげることです。あまりにもマニュアル化した役割分担は、感謝の表れというよりは、押し付け合う義務といった感じさえします。

こうした夫婦の役割分担は、いささかいの種となりやすいですね。嫌気、そして怒りが生じて「もうやめた！」と投げ出してしまいます。最悪、離婚ということにもなりかねません。

「ありがとう」のひと言で気持ちがなごむ

小さい子どものいる共働き家庭は、さらにケンカのタネは増えます。

育児によるストレスの多さは、直接子どもと接する人以外にはわかりにくいものです。とくに女性にとっては、働きながら子育てをすることは心身ともに大変な負担が強いられます。それこそ子育てに関しては、さまざまな問題が生じます。急な病気、保育園・学校での行事、受験はもとより、多感な子どもの悩み、交友関係などです。これでは、明確な役割分担など不可能でしょう。

子育てに関しては、いつどこで何が起こるかわかりません。たとえば、保育園に通う子どもが、急に高熱を出したとしましょう。共働きなら、ここは夫婦が連絡を取り合って対応しなければなりません。どうしても妻が無理となれば、夫が迎えに行くのは当然のことです。けれども確率的に言えば、妻が対応しなければならないケースが多いでしょう。そのことで、妻が会社で不当な差別を受けることもしばしばです。怒りが込み上げてきて当然です。

だからといって、夫に激しく詰め寄るのが正解でしょうか？ やることが多い中、できるだけ夫の協力を仰いだほうがいいのは間違いありません。怒る気持ちはわかりますが、そこで文句を言えばケンカになります。夫婦の間が感情的にこじれてしまえば、うまくいくものも、いかなくなります。

がんばっているのは自分だけ？

そうした場合に大切なのは、まずは「ありがとう」と言うことです。極論すれば、ウソでも構いません。衝突する前に、機先を制することが勝利への近道です。「いつも、ありがとうね。ところで、いま忙しくて大変だから、子どもの送り迎えをよろしくね」と、真っ先に感謝の言葉から入れば、夫も本音では面倒くさいと思いつつも、いやな気持ちも起こさずに、スムーズに手伝ってくれるでしょう。

「ありがとう」には怒りを消す不思議な力があります。

私が子どもだった1970年代あたりまでは、「男は外に出て金を稼ぎ、女は家庭を守る」というサザエさんのいる磯野家のような家庭がほとんどでした。シンプルにわかりやすく、はっきりと分担化されていたわけです。父親が重い荷物を運ぶ手伝いをしていることはありましたが、雑巾がけをしていたという記憶はありません。いまどき、そんなことを言ったら、フェミニストの人たちからお叱りを受けることになってしまいそうですが……。

共働きが増えている近年の夫婦は、役割を明確にする前に「相手の身になって考えてあげる」ことが何より大事です。ともすれば自己主張ばかりが先行します。「自分はこれだけがんばっているのにわかってくれない」と感じがちです。しかし、そう嘆く前に、「**こんなにがんばってくれているのだ**」**と相手のことをまず先に思いやってみてはどうでしょうか。**

メソッド22

男を動かす最強の武器は「女の笑顔」

「お願い」のひと言で相手を手玉に取る

聞いてほしい女性、聞きたくない男性

たとえば、妻が外で嫌なことがあってムシャクシャして家へ帰ってきたとしましょう。誰かに話を聞いてもらいたいですよね。「ねえ、ねえ、あのね……」と帰宅した夫に話しはじめました。「そんなこといいから、早く飯にしてくれ」。そんな反応が返ってきたとしたら……。

妻の夫への不満はいくつもあるでしょう。しかし、いろいろな調査結果を見てみると、際立って多いのが「自分の話を聞いてくれない」「人の気持ちを察してくれない」です。私自身も、女性のそんな声をよく耳にします。妻が話しかけても、新聞を読みながら、ビールを飲みながら、いつもうわの空で空返事。

「聞く気があるの！」

怒りたくなる気持ちはよくわかります。ただ、聞いてほしいだけ。そんな小さな願いでも、すぐに小難しい理屈を並べて、まるで説教をするかのようにペラペラと話しはじめる夫。怒りが静まるどころか、怒りの標的が夫に変わります。

体の構造が違うのと同じように、男性と女性では、心の在り方、感じ方が違っています。

求めていることがわかっていない夫

男女の違いを知った上で、上手にコントロールする。それが、賢い妻です。

妻は何を期待しているでしょうか。女性なら、すぐにわかりますよね。ただ「そうだね」と聞いてもらえれば、怒りは収まるのです。しかし、夫にはそんな簡単なことがわかりません。妻の怒り話の分析と対処法を話しはじめます。まるで優秀な心理カウンセラーにでもなったつもりです。怒りを解消するための答えを出すべきだと思ってしまうのです（優秀なカウンセラーはしっかりと話を聞きます）。

「今日ね、友だちに『年取ったわね、それに太り過ぎよ』と言われたの」

妻が、そう切り出したとします。

「お前が、何か気に障ることをいったんじゃないのか」

夫はすぐに原因究明に入ります。「どんなことにも、必ず原因というのがあるんだから。原因結果の法則というだろ。原因をはっきりさせないと解決しないよ」

夫は、そう言いはじめるかもしれません。妻の怒りは膨らむばかりです。女性ならおわかりでしょうが、「そうか、ちょっとひどいね」。そのひと言で十分なのです。

男性のプライドは利用価値がいっぱい

「男と女の間には、深くて暗い川がある」

亡くなった作家の野坂昭如さんが歌った『黒の舟唄』の一節です。少しでもこの溝を埋めて、少しでも明るく照らす方法はないものでしょうか。男性というのは、プライドの動物です。そのプライドは、ほとんどが薄っぺらなものです。それをトコトン利用しましょう。簡単です。ちょっと褒めればいいのです。口先だけでいいのです。

「あなたは本当に聞き上手だから……。ちょっとだけ聞いてほしいことがあるの」。**本題に入る前に、こんな言葉をトッピングしましょう。加えて、笑顔が不可欠です。演技でいいので、ニコッとしましょう。女性の笑顔はときとして最強の武器になります**。そうして初めて、夫は読みかけの新聞を畳んで、妻のほうを向きます。

「あなたに話をするだけで、私はとっても気持ちが楽になるの。あなたは、黙って聞いてくれるもの」

そんな枕詞があれば完ぺきです。そして、あなたの思いを聞いてもらえばいいのです。

「ありがとう。聞いてくれて、本当にうれしかった。気持ちが楽になったわ」

そういうことを繰り返せば、夫はきちんと話を聞くようになってきます。分析や対応法のひとくさり、ふたくさりも影をひそめること請け合いです。

察してもらいたい怒りがあることはわかります。けれども、察する能力のない人にそれを求めても、仕方がありません。しかし、考え方次第です。

「問題提起がなされれば、解決策はすでにそこにある」。そんな考え方があります。話を聞いてもらうことは、問題提起そのものです。夫にただ聞いてもらうことで、あなたは怒りと折り合い、自分で解決策を見つけることができるはずなのです。

男性のプライドはトコトン利用するにかぎります。話を聞いてほしいときだけではありません。「今日は、仕事で疲れちゃったの。お願い、ご飯作って。お願い」。手を合わせて頼んでみてください。「何もわかってくれない」の代わりにまず「お願い」です。さまざまな怒りの種が発芽をストップさせるでしょう。

メソッド23

気難しい相手には「押し」より「引き」が有効

勝ったほうに「幼稚だったかな」と反省させる

全面戦争になりかねない怒り

最近は力関係も変わってきているかもしれませんが、もともとは、「嫁いびり」という言葉があるように、お嫁さんの側は、じっと耐えるというのが一般的でした。いまでも、お姑さんが気難しい方ですと、逆らえずに、怒りをこらえているお嫁さんも多いことでしょう。


「出汁《だし》の取り方も知らないの」

「お風呂、まだ沸かしていないの」

「そろそろ衣替えでしょ、凍え死にさせる気？」

たとえば、お姑さんにそんな小言を言われたとします。ムッとしますよね。

だからといって一気に怒りを爆発させれば、嫁姑全面戦争を招きかねません。

「優位願望」を満足させてあげる

そうしたシーンでも、怒りを抑えて、闘いを避ける策があります。

断言します。感情には法則があって、それを知っておくと、3秒で怒りをコントロールできます。まず、お姑さんの「優位願望」を知ることです。

誰にでも、多かれ少なかれ、まわりの人に対して優位でありたいという願望があります。とくにお姑さんは、お嫁さんに対してその傾向が顕著です。

①　自分のほうが息子のことは全部知っている

②　自分のほうが息子を愛している

③　息子も自分のほうを大事に思っている

これがお姑さんの「優位願望」の特徴です。その結果、新参者の嫁に対して強圧的だったり挑戦的だったりするのです。これを踏まえて、対応策を考えてみましょう。

感情の法則のひとつに、押されれば押し返すという、物理学でいう「作用・反作用の法則」があります。ボールを強い力で壁にぶつければ、その強さに比例して勢いよくボールは戻ってきます。同様に、他人に対して強い感情をぶつければ、その反発も強烈になるのです。「優位」を守りたい一心です。

すると「何か言い返さなければ」「グーの音も出ないほど反撃しよう」と考えたとしても当然です。

しかし、3秒考えてみましょう。それをやってしまえば、闘いのゴングが鳴ります。戦意むき出しのお姑さんの側からのパンチが飛んできます。最初の言葉は様子を見るためのジャブでしたが、今度が強烈なストレートパンチです。相手は強打の持ち主で、ベテランの試合巧者。打ち合いでは勝ち目はありません。

打ち合いを避けるためには、どうすればいいでしょうか。ゴングを鳴らさないことです。闘いを避ける便利な言葉があります。

賢い人は「闘いの場」に上がらない

「出汁って、そうやって取るんですか。勉強になります」

「ありがとうございます。うっかりして、忘れていました」

「季節の移り変わりは早いものですね。さすがお義母さん」


こういう言葉は、いわば「押し」ではなく「引き」でしょう。押してダメなら引いてみな、ということわざもあるくらいで、正攻法だけでぶつかっていると、いつまでも反撃されますし、こちらも怒りが収まりません。良い意味でズルくなって、手ごわい相手を闘わない技を身につけたいものです。

大事なのは、闘いのリングや土俵に上がらないことです。家族は格闘技のライバルではありません。お姑さんとお嫁さんの闘いに勝者はいません。闘いの場から「身を引く技術」が重要です。身を引くことは、負けることではありません。「試合放棄」と心の中でつぶやきながら、お姑さんの言うことを受け入れてみます。

「では、お義母さんのおっしゃる通りにやってみますね」

そんな言葉であなたが身を引いたとして、お姑さんは勝利の美酒に酔うでしょうか。形の上では勝ったのだけれども、自分の幼稚なもの言いに気づいて、反省をするかもしれません。

押す力には押す力で対抗しない。押されれば引く。賢いお嫁さんの知恵です。

メソッド24

身近な人と話す時「絶対」と言わない

互いのルールを尊重しなければうまくいかない

「何、それ？」が怒りに変わるとき

「もう結婚して20年になるのに、ときどき、宇宙人かと思っちゃう」

プンプンしてそんな怒りをぶつけてくる人がいます。とくに守ってほしいルールを夫が守ってくれないと、妻の怒りがメラメラと湧いてきます。最初は我慢できた。しかし、そのまま5年、10年も経過すると、イライラがつのります。

結婚というのは、まったく違った環境で育った男女がひとつ屋根の下で生活することです。生活のルールが違って当たり前です。そこにトラブルが起きないはずがありません。「えっ、何それ」ということが、しばしば起こります。

箸《はし》の上げ下げ、食べ方から始まって、靴、洋服の脱ぎ方、トイレの使い方まで、あげればキリがありません。そんな「何、それ？」のたびに、相手に怒りをぶつけていたら、結婚生活がうまくいくはずはありません。どうやって怒りを静めて、その怒りの感情と折り合いをつけるかが大切です。

「絶対」は怒りの種になる

たとえば、二人の何かの記念日の過ごしかたで、いさかいが生じることがあります。多くの女性は、結婚記念日をとても大切にします。誕生日もそうかもしれません。結婚記念日や誕生日には、ワインとケーキでお祝いする。**夫が妻に素敵なプレゼントをする。それが記念日の「なければならない姿」と決めている女性もいるかもしれません。**

でも、男性の中には「なければならない」とまでは考えていない人も多くいます。

結婚記念日や誕生日を忘れてしまって、その日に残業したり、取引先の接待をスケジュールに入れてしまうかもしれません。

こんな話があります。

ある人が、取引先との接待の後、その日が結婚記念日だったことを思い出し、深夜営業のお店でケーキと花を買って帰りました。日付が変わる少し前の時間でした。すると、奥さんは、そのケーキと花束をリビングの床に叩きつけて寝てしまったのです。夫は酔いが一気にさめ、寂しく汚れた床を掃除するだけだったといいます。

人はそれぞれに「なければならない」というルールを持っています。人によっては、絶対に譲れないルールがあるかもしれません。でも、どんな人間関係でも一方的な「絶対」は怒りの種になりやすいのです。

結婚記念日は、夫婦にとってたしかにとても大切な日かもしれません。二人でお祝いをしたい気持ちもわかります。それを忘れた夫にも非はあります。

しかし、妻の「なければならない結婚記念日」に対して、「仕事を一生懸命にこなして、家族の生活を守らなければならない」が優先される夫の立場もあると考えてみてはどうでしょうか。

前向きの「私とは違う」がある

人の価値観はそれぞれです。

大事なのは、自分の価値観を「絶対」だと思わないこと。とくに、身近な相手に対して「絶対」と口にしないこと。「『絶対』とは絶対に言わないぞ」と、あらかじめ自分の心にインプットしておきましょう。

たとえば大ヒットしている映画を観ても、ベストセラーの小説を読んでも、面白いと言う人もいれば、まったくつまらないと思う人もいます。感じ方は人それぞれ自由であり、それは尊重すべきことです。結婚記念日を忘れていた夫に対して、妻が寂しい気持ちになるのはわかります。それがあなたにとって、どうしても譲れないルールなら、「今日は早く帰ってきてね」とか「今日は特別の日だからね」とあらかじめ伝えておけばいいでしょう。それでも、夫が忘れてしまうかもしれません。

そんなときは、「私とは違うんだ」と割り切るしかありません。決してあきらめるという意味ではなく、その違いをまずは受け入れてみることです。怒り返すこともなく、反省しながら床掃除をしている夫は、果たして悪い宇宙人でしょうか。

「ごはん、待っていたのに」

「忙しかったんだね」

怒りをぶつけるのではなく、そんな言葉で自分の思いを伝えてみればいいでしょう。

夫婦であろうと恋人であろうと、決して同じ価値観で生きていないということを前提に向き合えば、許せる範囲が広くなります。おおらかに許す姿勢を見せれば、きっと来年の結婚記念日には、バラの花束を持って早く帰ってくるはずです。

「もう怒らない」ためのの本

発行日　2016年3月3日　第1刷
発行日　2022年6月24日　第3刷

著者	和田秀樹
編集統括	柿内尚文
編集担当	小林英史、池田剛
デザイン	小口翔平、三森健太、岩永香穂（tobufune）
校正	荒井順子
編集協力	石井康夫、小原田泰久
営業統括	丸山敏生
営業推進	増尾友裕、綱脇愛、桐山敦子、矢部愛、高坂美智子、寺内未来子
販売促進	池田孝一郎、石井耕平、熊切絵理、菊山清佳、吉村寿美子、矢橋寛子、遠藤真知子、森田真紀、氏家和佳子
プロモーション	山田美恵、藤野茉友
編集	栗田亘、村上芳子、大住兼正、菊地貴広、山田吉之
講演・マネジメント事業	斎藤和佳、志水公美
メディア開発	中山景、中村悟志、長野太介、入江翔子
管理部	八木宏之、早坂裕子、生越こずえ、名児耶美咲、金井昭彦
マネジメント	坂下毅
発行人	高橋克佳

発行所　株式会社アスコム

〒105-0003
東京都港区西新橋2-23-1　3東洋海事ビル
編集部　TEL：03-5425-6627
営業部　TEL：03-5425-6626　FAX：03-5425-6770

印刷・製本　株式会社広済堂ネクスト

Printed in Japan ISBN 978-4-7762-0899-0